DOROTHEA J. SEITZ

MEMO MASTER

Gedächtnistraining mit
der Jugendweltmeisterin

Rowohlt Taschenbuch Verlag

Originalausgabe

Veröffentlicht im Rowohlt Taschenbuch Verlag,
Reinbek bei Hamburg, Juni 2010
Copyright © 2010 by Rowohlt Verlag GmbH,
Reinbek bei Hamburg
Redaktion Evelin Schultheiß
Umschlaggestaltung ZERO Werbeagentur, München
(Foto: Jens Boldt)
Satz Apollo MT, PostScript, InDesign, bei
KCS GmbH, Buchholz bei Hamburg
Druck und Bindung CPI – Clausen & Bosse, Leck
Printed in Germany
ISBN 978 3 499 62606 7

Inhalt

EINLEITUNG

«Auf die Zellen – fertig – los!» Dieses Startsignal hatte ich schon freudig erwartet. Wie alle anderen im Raum bringe ich meine Stoppuhr zum Laufen und drehe das Blatt um, das mit der Rückseite nach oben vor mir liegt. Sofort verschwindet jeder andere Gedanke aus meinem Kopf. Ich konzentriere mich nur noch auf die Techniken, mit deren Hilfe ich mir die vielen Zahlenkolonnen, die ich nun vor mir sehe, ganz leicht einprägen kann. Alle, die hier sitzen, beherrschen diese Techniken, sonst wären sie jetzt nicht dabei. Schon nach kurzer Zeit klingeln die Stoppuhren und setzen der Einprägephase ein abruptes Ende. Ich schaue mich nicht um. Ich weiß, dass fast jeder jetzt den Kopf in die Hände stützt und die Augen schließt, um konzentriert zu bleiben, während die Wiedergabeblätter ausgeteilt werden. Die Stimmung ist angespannt, und für alle heißt es: Jetzt bloß nichts vergessen!

Den Wunsch, Gelerntes oder Eingeprägtes nur ja nicht vorzeitig wieder aus dem Gedächtnis zu verlieren, kennen wohl so ziemlich alle – nicht nur die Teilnehmer einer Gedächtnismeisterschaft. Was nun, wenn dieser Wunsch erfüllbar wäre? Wenn Sie sich selbst in die Lage versetzen könnten, Ihr Gedächtnis zu trainieren und zu immer besseren Leistungen zu bringen? Und das, ohne komplizierte Lernprogramme oder mühseliges, stundenlanges Wiederholen und Auswendiglernen. Wenn Ihnen diese Aussicht gefällt und Sie zu denen gehören, die etwas aus ihrem Gedächtnis machen wollen, dann möchte ich Sie einladen, mir zu folgen bei meiner Einführung in den Gedächtnissport. Egal, ob Sie ein gutes oder schlechtes Gedächtnis haben, ob Sie bei Meisterschaften antreten oder sich nur den Einkaufszettel ersparen wollen, Sie können anhand der Techniken, die ich Ihnen im Folgenden vermitteln möchte, das menschliche Gedächtnis besser kennen- und seine Leistungsfähigkeit schätzen lernen. Kommen Sie der Kapazität Ihres Gehirns auf die Spur – mit vielen Tipps für den Grips und Möglichkeiten, Ihre grauen Zellen zu trainieren.

Als Jugendweltmeisterin im Gedächtnissport wird man mit allerlei Fragen konfrontiert. Und von wem sie auch kommen, die Fragen machen mir immer wieder deutlich, wie wenig bekannt diese Sportart auch heute noch ist und wie viel Befremden sie erzeugt. Es ist also an der Zeit, einiges klarzustellen, allem voran zu zeigen, dass der Gedächtnissport nicht anders funktioniert als andere Sportarten auch: Wenn man trainiert, wird man besser, die Leistungssteigerung motiviert, und deshalb macht das Training auch Spaß. Der einzige wirkliche Unterschied zum körperlichen Training ist: Anstatt mehr Muskeln zu bekommen, vermehren sich die «Hirnwindungen». Das wiederum heißt, dass ein gutes Gedächtnis letztlich eine Sache der Übung ist. In dieses «Geheimnis», das längst keines mehr sein sollte, möchte ich Sie nun mit diesem Buch einweihen. Gleichzeitig möchte ich damit auch auf all die Fragen, die ich bisher nur vereinzelt und deswegen auch nicht immer befriedigend beantworten konnte, eingehen. Hier also kommt die ausführliche Antwort für alle, die noch nicht verstanden haben, was ich als Gedächtnissportlerin mache, und für alle, die einfache und auch etwas schwierigere Techniken kennenlernen wollen, um ihr Gedächtnis zu verbessern.

VOM UNIVERSUM ZU ERSTEN MERKMETHODEN

Wie kommt man auf die Idee, Gedächtnissport zu betreiben? Diese Frage bekomme ich immer und immer wieder gestellt. Ein Sport, der den Kopf trainiert? Wörter, Zahlen auswendig lernen und sie in Sekundenschnelle wiedergeben? In welcher Welt ist man da? Unter den Genies? Unter Spinnern? Stirnrunzeln und deutliche Skepsis werden meist mit der Frage mitgeliefert. Um eine zufriedenstellende Antwort zu finden, muss ich erst einmal einige Jahre in meinem Leben zurückdenken.

Mein Berufswunsch war es immer, Astronautin zu werden. Ich besaß einige Kinderbücher rund um das Thema Weltraum, und um für meine späteren Missionen gut informiert zu sein, beschäftigte ich mich fast jeden Tag damit. Es war alles überaus spannend und interessant – das Weltall, die Raumfahrt – und ich mittendrin. Nur leider stieß ich immer wieder auf Begriffe, die ich nicht wirklich verstehen konnte. So erzählte ich meinen Eltern beispielsweise vom «Spargel-Huttle», der sich dann als «Space-Shuttle» entpuppte. Kein Problem dagegen stellten die Daten, Zahlen und Fakten dar, die ich mir unbedingt merken wollte, wie beispielsweise den Umfang der Erde, die Temperaturen auf den verschiedenen Himmelskörpern, den Tag, als der erste Mensch den Mond betrat usw. Um alles schön auswendig lernen zu können, erstellte ich mir Merkkarten für jeden Planeten. Als ich beim Jupiter angekommen war, schrieb ich die damals in meinem Buch aufgelisteten 16 Monde auf: Metis, Adrastea, Amalthea, Thebe, Io, Europa, Ganymed, Kallisto, Leda, Himalia, Lysithea, Elara, Ananke, Carme, Pasiphae, Sinope. Ich las sie noch einmal durch und rannte dann zu meiner Mutter, um sie ihr auswendig vorzutragen. Ihre Verwunderung darüber, dass ich das alles wusste, registrierte ich damals noch nicht und lief stattdessen sofort wieder zurück in mein Zimmer, um eine Merkkarte für Saturn zu machen. Weil die Beschäftigung mit dem Universum so großen Spaß machte, nahm ich mein «Weltall-Büchlein» überallhin mit, um jede Gelegenheit zu nutzen, weiter die Namen von Monden oder Asteroiden zu lernen. Und das Einprägen lief erstaunlich gut. Meine Schwester, die mich ab und zu abfragen sollte, konnte überhaupt nicht verstehen, wie und weshalb ich mir all diese Informationen merkte – besonders wenn ich zu Monden mit Namen wie «S/1986/U10» kam.

«Bei mir ist die Fünf immer rot.»

Ich hatte schon als Kind eine gute Auffassungsgabe und war vor allem sehr lernbegierig. Klavierstücke spielte ich nach kürzester Zeit immer auswendig, und meine Klavierlehrerin versuchte vergeblich, mich dazu zu bringen, wenigstens ab und zu auf die Notenblätter zu schauen – aber die verwirrten mich beim Spielen nur. Ich lernte die Musikstücke seitenweise im Voraus, weil ich nicht genug davon bekommen konnte, und spielte sie dann – auswendig. Meine Klavierlehrerin war die Erste, der ich verriet, dass bei mir alle Zahlen eine andere Farbe haben. «Bei mir ist die Fünf immer rot. Hast du das auch? Ist das normal?», fragte ich sie. Ihre Zahlen seien auch farbig, meinte sie, was mich erst einmal beruhigte, hatte ich doch befürchtet, irgendwie nicht normal zu sein wegen meiner bunten Zahlen. Als ich dann aber kurze Zeit später meine Freundinnen und meine Familie darauf ansprach, hörte sich das Ganze schon wieder nicht mehr so «normal» an. Bei ihnen hatten weder Zahlen noch Buchstaben oder Wochentage eine bestimmte Farbe. Ich erzählte von meinem gelben Montag, aber alle schauten mich nur ungläubig an. Sie konnten mich nicht verstehen, und ich konnte sie nicht verstehen, und deshalb sprach ich dieses Thema vorläufig nicht wieder an.

Mittlerweile weiß ich, dass dieses Phänomen nichts ist, wofür ich mich schämen muss: Ich verfüge lediglich über eine besondere, wenn auch eher seltene Art der Wahrnehmung, um die mich manche sogar beneiden. Vielleicht hilft Ihnen der folgende kurze Gedankenausflug zu verstehen, wovon ich spreche:

Stellen Sie sich vor, Sie sind in Ihrem Garten und riechen an einer Rose. Sie duftet intensiv nach einem Kreis. Dann gehen Sie in die Küche und machen das Radio an. Sie hören vorwiegend gelbe und braune Töne heraus, die Quadrate in Ihren Gedanken hervorrufen, um die Sie sich aber nicht weiter kümmern. Stattdessen holen Sie das Kochbuch hervor, um nach einem Rezept daraus Ihre Lieblingssuppe zu kochen, und ärgern sich, dass die Überschrift in Rot geschrieben ist. Die Mischung der Farben, die Sie in den einzelnen Buchstaben erkennen, sieht nämlich ziemlich eklig aus. Während der Zubereitung denken Sie ein paar Stunden zurück, und der ganze bisherige Tag ist – wie jeder andere Mittwoch auch – rot eingefärbt, ein Zeichen für die Energie, die Sie an diesen Tagen haben. Die Suppe ist fertig, und Sie probieren. Sie schmeckt nach orangefarbenen Dreiecken – genau so sollte es sein. Im Radio kommen die Nachrichten: Die Stimme des Sprechers schmeckt nach Ketchup, das passt ja jetzt gar nicht zur Suppe! Nach dem Essen schauen Sie auf die Uhr, es ist 13 Uhr 15, grau-gelb-grau-rot. Sieht eigentlich ganz nett aus. Zeit zu gehen, wenn Sie pünktlich bei der Verabredung sein wollen – die ist nämlich schon, wenn die Uhr grau-pink anzeigt.

Ein merkwürdiges Spiel, eine absurde Geschichte, denken Sie? Nicht wirklich. Denn so oder so ähnlich kann man sich die Empfindungswelt eines Synästhetikers vorstellen. Synästhesie (griech. synaithesis «Mitempfindung»), bei der mit der Reizung eines Sinnesorgans eine «zusätzliche» sensorische Empfindung ausgelöst wird, ist weder eine Krankheit noch eine psychische Störung, die Anlass zur Sorge gibt. Es handelt sich vielmehr um eine Art Vermischung verschiedener Sinneswahrnehmungen, die zu einem ganz besonderen und wohl auch intensiveren Erleben der Außenwelt führt. Mit der Stimulierung eines Sinnes wird gleichzeitig ein anderer aktiviert und diese Koppelung, die theoretisch zwischen allen fünf Sinnen möglich ist, bewirkt beispielsweise, dass Musik nicht nur gehört, sondern auch farbig gesehen wird, ein Geruch eine bestimmte Form annimmt oder das Sehen einer Figur einen Geschmacksreiz auslöst. Es existieren ganz verschiedene Formen der Synästhesie, sie ist individuell sehr unterschiedlich ausgeprägt und wird permanent und unabhängig vom Willen hervorgerufen. Es gibt nach Aussagen von Wissenschaftlern nicht viele Menschen mit dieser «Begabung». Deshalb habe ich als Kind auch nur eine Person gefunden, der es genauso ging wie mir – und hatte damit wahrscheinlich sogar noch Glück.

Die Mehrheit der Synästhetiker hat kein Problem damit, die Welt ein bisschen bunter als andere zu sehen. Für sie ist diese «multisensorische» Art der Wahrnehmung völlig normal. Forschungen haben ergeben, dass viele der genuinen Synästhetiker von auffallender Kreativität sind, eine überdurchschnittliche Intelligenz und ein besonders gutes Gedächtnis haben. Außerdem soll es unter ihnen mehr Links- als Rechtshänder sowie mehr Frauen als Männer geben. Aber da diese Besonderheit immer noch vergleichsweise unbekannt und wenig erforscht ist, wissen viele Betroffene noch nicht einmal, dass es einen Namen für sie gibt. Wahrscheinlich geht es nicht wenigen von ihnen so wie mir früher: Man merkt, dass man «anders» ist, und traut sich nicht, darüber zu reden. Ich habe letztendlich über ein Forum im Internet herausgefunden, dass es nicht «schlimm» ist, die Dinge anders wahrzunehmen als der Großteil der Leute.

Es ist weder störend noch besonders aufregend, Synästhetikerin zu sein. Ich erwarte weder Mitleid noch Bewunderung, nicht einmal Verständnis. Denn ich nehme die Welt schon immer auf meine Weise wahr, von Geburt an. Ich kann mir zum Beispiel schwarze Buchstaben nicht richtig vorstellen, so wie sich andere die Farben, die ich in ihnen sehe, nicht vorstellen können. Ich kann mir vorstellen, wie und was Nicht-Synästhetiker empfinden, wenn ich ihnen von meiner Art der Wahrnehmung erzähle: Sie sind wahrscheinlich genauso irritiert wie ich, als mir zum ersten Mal klarwurde, dass meine Freunde die Welt weniger farbenfroh wahrnehmen als ich.

Bilder im Kopf

Als ich auf das Gymnasium kam, konnte ich von den Monden und Asteroiden weitgehend Abstand nehmen, da ich jetzt anderes, vor allem mehr «geistiges Futter» erhielt. Gedichte auswendig zu lernen hat mir schon immer Spaß gemacht, Vokabeln waren nie ein Problem für mich. Sie waren sogar in den Sommerferien außerordentlich wichtig, da ich zu dieser Zeit keinen Lernstoff bekam, sodass ich freiwillig alle Französischvokabeln des vorangegangenen Schuljahres wiederholte. Ein Unterrichtsfach, das neu hinzukam, fand ich besonders interessant: Es hieß «Lernen lernen», und wir bekamen darin Methoden für effektives Lernen beigebracht. Wir erfuhren beispielsweise, wie man mit Hilfe einer Mind Map Ideen zu einem bestimmten Thema sammelt oder wie man seine Hausaufgaben optimal erledigt. Und wir lernten eine Merktechnik, die auch im Gedächtnissport von grundlegender Bedeutung ist: Wir sollten uns zehn genannte Begriffe merken und anschließend in der richtigen Reihenfolge wiedergeben. Fast niemand schaffte es, die Wörter komplett aufzuzählen. Als uns die Lehrerin daraufhin erklärte, dass wir uns alle Begriffe bildlich vorstellen und im Kopf zu einer Geschichte verknüpfen sollten, konnten anschließend fast alle in der Klasse die Wörter in der richtigen Abfolge aufsagen. Dass ich mich einmal speziell mit dieser Technik so intensiv beschäftigen würde, wusste ich zu der Zeit natürlich nicht. Und vier dieser Wörter von damals sind mir heute noch im Gedächtnis, obwohl diese erste Lektion schon so lange zurückliegt.

Auch Sie werden solche Erinnerungsbilder aus längst vergangenen Tagen im Kopf haben. Denken Sie zurück und wühlen Sie ein bisschen in Ihrer Vergangenheit.

Bestimmt können Sie sich an eine Situation aus Ihrer Kindheit erinnern, in der Sie beispielsweise fürchterliche Angst hatten – Angst, im Dunkeln allein zu sein, Angst vor einem heftigen Gewitter oder Angst vor Außerirdischen, die das Kinderzimmer stürmen wollen. Intensive Erlebnisse, aber auch intensive Phantasien vergisst man nicht so schnell, sie setzen sich im Gedächtnis als Bilder fest. Falls Sie früher ein Haustier hatten, können Sie sich wahrscheinlich noch ziemlich gut daran erinnern, wie Sie sich fühlten, als es starb. Ein solcher Moment ist mit viel Emotion verbunden. Ich weiß noch ganz genau, wie meine Schwester und ich heulend vor dem Aquarium standen, als unser erster Fisch – wir hatten ihm den Namen Claudia gegeben – gestorben war. Gleich ob es der erste Schultag, der erste Kuss, der erste Liebeskummer oder die erste Arbeitsstelle ist – es gibt so vieles, was sich einmal als Erinnerung in unser Gedächtnis gebrannt hat, um es nie mehr zu verlassen.

Auf diese Macht der Bilder im Kopf zielen auch die Märchen ab: In ihrer eindringlichen Symbolsprache und Bildhaftigkeit wollen sie uns eine Botschaft vermitteln, die wir uns für immer merken sollen. Das Märchen «Rotkäppchen» zum Beispiel mahnt uns, nicht jedem zu jeder Zeit zu trauen, da es Menschen gibt, die – wie durch den Wolf symbolisiert – Böses im Sinn haben. Und Aschenputtel zeigt uns auf anrührende Weise, dass man durch Fleiß und Ehrlichkeit zum wohlverdienten Glück findet, und Habsucht, Lüge und Eigennutz, durch die sich die bösen Stiefschwestern auszeichnen, nicht mit Erfolg belohnt werden. Was sind Vorträge und Moralpredigten von Eltern gegen solche unvergesslichen Botschaften? Welches Kind will hören, wie wichtig es ist, immer fleißig zu sein, und wie schlecht manche Menschen sind? Selbst wenn sie die abstrakte Mitteilung der Bedeutung nach verstehen und auch einsehen, haben die Kinder sie im nächsten Moment schon wieder vergessen. Wird hingegen wie im Märchen die Moral und Lehre in eine Geschichte voller einprägsamer Bilder verpackt, setzt sie sich im Gedächtnis fest. Wir konnten als Kind die Botschaft der Geschichten vielleicht nicht im umfassenden Sinn und bewusst verstehen, trotzdem haben wir sie verinnerlicht mit den Bildern, die wir uns von den Märchenfiguren mit viel Phantasie gemacht haben. Und damit wären wir schon bei einem wichtigen Grundsatz angelangt, dem die Gedächtnistechniken folgen: Unser Gedächtnis kann sich Bilder besser als alles andere merken. Die Geschichtenmethode, bei der man mit Bildern arbeitet und die ich Ihnen im Folgenden zeigen will, ist eine der unkompliziertesten und effektivsten Merkmethoden, die es gibt.

Die Geschichtenmethode

Je eindrücklicher sprachlich erzeugte Bilder sind, desto leichter bleiben sie im Gedächtnis. Auf diesen Zusammenhang baut das Gedächtnistraining mit seinen Techniken wie zum Beispiel der Geschichtenmethode, einem Verfahren, das die Grundprinzipien der Mnemotechnik, der sogenannten Gedächtniskunst, zusammenführt: Man stellt sich die Dinge bildlich vor und verknüpft sie phantasievoll miteinander. So einfach diese Methode ist, so gut funktioniert sie. Hier ein Beispiel.

Versuchen Sie beim Lesen der folgenden Geschichte die enthaltenen Bilder möglichst plastisch vor Ihrem inneren Auge entstehen zu lassen:

Ein **Schlüssel** macht sich auf den Weg in die Stadt, um **Blumen** zu kaufen. Er sucht sich einen Strauß aus und geht danach zum **Schwimmbad**, weil ihm sehr heiß ist. Der Sprung ins Wasser kühlt ihn wieder ab. Als er sich anschließend sonnt, fällt ihm ein, dass er sofort nach Hause gehen muss, weil sein **Koffer** noch nicht gepackt ist. Er rennt also nach Hause und packt schnell. Dann fährt er mit dem **Fahrrad** zum Bahnhof. Während er auf seinen Zug wartet, trifft ihn ein **Fußball** am Kopf, und er fällt um. Eine Frau, die auch am Bahnsteig wartet, bringt ihn zu sich nach Hause und legt ihn auf ihr **Sofa.** Als er sich wieder erholt hat, nimmt er seine **Jacke,** bedankt sich und geht. Vor der Tür liegt ein wunderschönes **Bilderbuch.** Da freut sich der Schlüssel und springt in die Luft. Er packt es in seine **Tasche,** weil er es später anschauen will. An der nächsten Straßenecke sieht er ein **Auto,** das nicht abgeschlossen ist. Er setzt sich hinein, um sich ein bisschen auszuruhen. Als er eingeschlafen ist, träumt er von einem wunderschönen **Apfelbaum,** dessen Äste sich im Wind biegen. Neben dem Auto fährt eine **Straßenbahn** vorbei und reißt den Schlüssel aus seinen Träumen. Ärgerlich steigt er aus und rennt in ein **Tal** hinab, wo er einen schönen **Fluss** findet und sich darin erfrischt.

Lesen Sie die Geschichte noch ein zweites Mal und achten Sie besonders auf die fettgedruckten Wörter. Dann wiederholen Sie die Geschichte in Gedanken und schreiben dabei die hervorgehobenen Wörter auf der nächsten Seite in der richtigen Reihenfolge auf.

1. Schlüssel
2. Blumen
3. Schwimmbad
4. Koffer
5. Fahrrad
6. Fußball
7. Sofa
8. Jacke
9. Bilderbuch
10. Tasche
11. Auto
12. Apfelbaum
13. Straßenbahn
14. Tal
15. Fluss

Ich hoffe, Sie haben gemerkt, wie gut diese Methode funktioniert. Ich jedenfalls war von Anfang an begeistert davon festzustellen, wie leicht und schnell sich Wörter nur durch ihre Verknüpfung zu einer Geschichte merken lassen. Falls Sie Fehler bei der Wiedergabe gemacht haben, liegt das sehr wahrscheinlich daran, dass Sie Ihre Vorstellungskraft nicht wirklich haben zum Zuge kommen lassen. Aber auch das kann man üben.

Wichtig bei der Geschichtenmethode ist, wie schon erwähnt, in Bildern zu denken und der Phantasie freien Lauf zu lassen, ganz nach dem Motto «Die Gedanken sind frei». Das Besondere an unserer Vorstellungskraft ist, dass ihr eigentlich keinerlei Grenzen gesetzt sind und es für sie keine Tabus gibt. Nehmen Sie sich also diese Freiheit und genießen Sie es, endlich mal wieder – zumindest in Gedanken – ganz Kind sein zu dürfen.

Nach Ulrich Voigt gilt für die Gedächtniskunst: «Beliebige Begriffsverkettungen sind möglich. Mögliche Begriffsverkettungen sind beliebig.»[1] Das ist die Aufforderung dazu, den Assoziationen freien Lauf zu lassen, die sonst üblichen Regeln der Begriffsverbindungen bewusst zu verletzen. Denn gleichgültig welche Wörter man nimmt, man kann sie alle mit Phantasie zu einer einprägsamen Geschichte verknüpfen, sofern man nicht den Anspruch hat, logisch und faktisch korrekt zu sein.

Die 15 Wörter in der Beispielgeschichte hätte man natürlich auch vollkommen anders miteinander verknüpfen können, denn: «Mögliche Begriffsverkettungen sind beliebig.» Solange die Phantasie das Sagen hat, gibt es keine richtigen oder falschen Verbindungen zwischen den Begriffen, sondern unbegrenzte Möglichkeiten und Varianten. Wir allein haben die Wahl, wir können alle beliebigen Informationen in den unterschiedlichsten Weisen miteinander verknüpfen, um – siehe Beispielgeschichte – über diese Verknüpfungen etwa die Reihenfolge von Wörtern richtig zu erinnern.

Je besser, je lebendiger und auch absurder die Geschichten sind, umso besser prägen sich die Bilder davon im Gedächtnis ein. Es geht also darum, «gute» Geschichten zu erfinden.

Tipps für Geschichten

- Stellen Sie sich grundsätzlich alles bildlich vor: Sie können die Gegenstände in Ihren Gedanken von allen Seiten betrachten, denken Sie sich eine Farbe oder ein Muster dazu aus, stellen Sie sich die Dinge übergroß oder winzig vor.

19

- Versuchen Sie sicherzustellen, dass die Reihenfolge der Wörter klar ist und keine parallel verlaufenden Ereignisse in ihrer Geschichte stattfinden. Sonst ist die Gefahr zu groß, dass Sie Wörter vergessen oder in der Reihenfolge vertauschen.
- Verlassen Sie bewusst den Boden der Tatsachen, bringen Sie die Dinge zum Tanzen und Singen, arbeiten Sie mit Personifikationen; je unrealistischer Ihre Bilder, desto einprägsamer.
- Trauen Sie sich, merkwürdige Geschichten zu basteln; keine Geschichte ist falsch, solange sie sich gut merken lässt.

Übungen

Ich möchte Sie nun ermuntern, jeweils fünf Wörter zu einer kurzen, aber phantastievollen Geschichte zu verknüpfen. Dazu noch ein kurzer Hinweis: Man kommt oft leichter ins freie Gedankenspiel, wenn man sich selbst zum Subjekt macht, also zur handelnden Person der Geschichte.
Hier die Wortgruppen für Ihre Geschichten:

Schildkröte – Strand – Ball – Eis – Windel

Eine Schildkröte findet am Strand einen Ball. Da kommt ein Kleinkind mit einem Eis in der Hand, das noch eine Windel trägt vorangelaufen.

Visitenkarte – Telefon – Ananas – Mülleimer – Gutschein

Ich sehe eine Visitenkarte neben

*meinen Telefon und erinner mich,
dass ich eine Frau Ananas anrufen
wollte. Danach werfe ich sie in den
Mülleimer und dabei finde ich den
Gutschein wieder, den ich gesucht hatte.*

Bonbon – Computer – Zahnpasta – Schere – Briefumschlag

*Ein Bonbon liegt neben meinem Computer,
um mir die Arbeit zu versüßen. Ich
schreibe eine Erledigungsliste, zB.
Zahnpasta kaufen. Mit einer Schere
schneide ich sie aus und stecke sie
in einen Briefumschlag.*

Falls Sie noch Probleme beim «Geschichtenmachen» hatten oder einen Vergleich beziehungsweise weitere Anregung wünschen, lesen Sie sich meine Lösungsvorschläge durch. Auch sie stellen natürlich jeweils nur eine von unzähligen Möglichkeiten dar.

Lösungsvorschläge:
Eine **Schildkröte** macht einen Spaziergang am **Strand**. Dort wird sie mit einem **Ball** abgeworfen und fällt daraufhin um. Es läuft eine Flüssigkeit aus ihrem Körper, die allerdings kein Blut, sondern geschmolzenes **Eis** ist. Plötzlich kommt eine Frau angerannt und versucht, die Wunde mit einer **Windel** zu verbinden.

Ich nehme die **Visitenkarte** und laufe sofort zum **Telefon**, um eine wichtige Person anzurufen. Während ich wähle, fällt mir eine **Ananas** auf den Kopf. Ich falle um, und zwar direkt kopfüber in einen **Mülleimer**. Ich bin ziemlich sauer, aber siehe da – ein **Gutschein** liegt im Mülleimer: Das ist eine gute Entschädigung für mein Missgeschick.

Ich will einen **Bonbon** essen und falte das Papier auf. Der Bonbon hat die Form eines **Computers** – das habe ich noch nie gesehen. Um keine Karies zu bekommen, putze ich nach dem Lutschen gleich die Zähne mit ganz viel schäumender **Zahnpasta**. Erst später merke ich, dass ich meine Zähne nicht mit einer Zahnbürste, sondern mit einer **Schere** geputzt habe. Leider sind mir dadurch zwei Zähne ausgefallen. Ich packe sie in einen **Briefumschlag** und mache mich auf den Weg zum Zahnarzt.

An den Lösungsvorschlägen können Sie noch einmal erkennen, worauf es bei Geschichten ankommt: Sie sollten phantasievoll und mit möglichst viel Dynamik ausgestattet sein, dann lassen sie sich gut einprägen.

Die Geschichtenmethode können Sie praktisch immer und überall üben. Auf dem Weg zur Arbeit, vor der Kasse im Supermarkt, im Wartezimmer vom Zahnarzt – suchen Sie sich, wo auch immer, irgendwelche Begriffe aus und machen Sie daraus kleine Geschichten. Nicht nur dass auf diese Weise Ihr Gedächtnis geschult wird, die Fähigkeit, Bilder gut miteinander zu verknüpfen, ist auch die Voraussetzung für alle anderen Techniken, die Sie in diesem Buch noch kennenlernen werden.

Kopfrechnen

Der Geschichtenmethode schenkte ich im Alter von zehn Jahren noch wenig Beachtung. Ich lernte gern, hatte gute Noten, versuchte mich in verschiedenen Hobbys und fing an, als zweites Instrument Cello zu spielen, aber mein Gehirn war noch nicht ausgelastet. Mit 13 entdeckte ich den Taschenrechner für mich: Ich setzte mich abends, wenn ich schon schlafen sollte, an den Schreibtisch und übte mich im Kopfrechnen. Ich gab Zahlen in den Taschenrechner ein und versuchte dann, erst zwei-, dann drei- und vierstellige Zahlen miteinander zu multiplizieren, ohne etwas aufzuschreiben. Schwierig an der Multiplikation mit vierstelligen Zahlen ist, die Zwischenergebnisse im Kopf zu speichern. Man muss sich während des Rechenweges wiederholt eine große Zahl als Zwischenergebnis so lange merken, bis man das nächste Zwischenergebnis ausgerechnet hat und die beiden Zahlen dann addieren kann. Dabei spielt die Konzentrationsfähigkeit natürlich eine große Rolle.

Es gibt heutzutage verschiedene Techniken und Meisterschaften im Kopfrechnen. Ich selbst benutzte die Methode, die ich in der Schule gelernt habe. Gerade in der Schulzeit empfiehlt es sich im Übrigen, sich nicht allzu sehr dazu verleiten zu lassen, noch die simpelsten Rechenaufgaben mit dem Taschenrechner zu lösen. Will man auch den Teil der Abiturprüfung in Mathematik souverän bestehen, bei dem ohne Taschenrechner gearbeitet werden muss, sollte man seine Rechenfähigkeit möglichst in Schwung halten. Es gibt – der allgemeinen «Denkfaulheit» zum Trotz – aber auch Menschen, denen die Eingabe in den Taschenrechner ohnehin viel zu zeitaufwendig und umständlich ist und die nicht auf Hilfsmittel angewiesen sein wollen. Solche Rechenkünstler zeigen uns, wozu das menschliche Gehirn tatsächlich in der Lage ist: Ein Informatiker aus Bonn schaffte es, in weniger als zwölf Sekunden die 13. Wurzel aus einer hundertstelligen Zahl zu ziehen.

Seit 2004 gibt es alle zwei Jahre den «Mental Calculation World Cup», die Weltmeisterschaft im Kopfrechnen. Begeisterte Kopfrechner aus der ganzen Welt treten gegeneinander an in den Disziplinen: zehn zehnstellige Zahlen addieren; zwei achtstellige Zahlen multiplizieren; die Quadratwurzel aus einer sechsstelligen Zahl ziehen; Kalenderrechnen.

Für jede der vier Disziplinen haben sie ganze zehn Minuten Zeit. Zusätzlich gibt es Überraschungsaufgaben, die man vorher nicht trainieren kann. Die Altersspanne zwischen den Teilnehmern ist ziemlich groß – bei der letzten Weltmeisterschaft war der jüngste Teilnehmer 11 und der älteste 68 Jahre alt.

Gerade Kopfrechnen hat nicht nur etwas mit Veranlagung oder Talent zu tun. Ständiges Training und eine gute Konzentration sind unbedingte Voraussetzung für gute Leistungen. Es gibt auch hier Techniken und Rechentricks, mit denen die Sportler versuchen, die Rechenvorgänge zu vereinfachen und zu beschleunigen, wie Sie am folgenden Beispiel für eine Multiplikationsaufgabe sehen können:

$33 \cdot 17$

Erster Schritt: Man setzt die Zahlen untereinander.

33

17

Zweiter Schritt: Man multipliziert die Einerstellen.

$3 \cdot 7 = 21$

Die 1 steht beim Endergebnis an letzter Stelle, die 2 merkt man sich.

Dritter Schritt: Man multipliziert die Ausgangszahlen über Kreuz und addiert die beiden Ergebnisse.

$1 \cdot 3 + 7 \cdot 3 = 24$

Vierter Schritt: Dieses Ergebnis wird zu der Zehnerzahl addiert, die man sich nach Schritt zwei gemerkt hat.

$24 + 2 = 26$

Die 6 ergibt bei dem Endergebnis die Zehnerstelle, steht also vor der 1, die 2 merkt man sich.

Fünfter Schritt: Man multipliziert die Zehnerstellen der Ausgangszahlen miteinander.

$3 \cdot 1 = 3$

Sechster Schritt: Man addiert das Ergebnis zu der Zahl, die man sich nach Schritt 4 gemerkt hat.

$3 + 2 = 5$

Die 5 ergibt die Hunderterstelle, ist also die erste Zahl des Endergebnisses.

Das Ergebnis lautet: 561

Für das Multiplizieren von Zahlen gibt es auch eine Formel, nach der man beim Kopfrechnen verfahren kann:

$$a \cdot b = \left(\frac{a+b}{2}\right)^2 - \left(\frac{a-b}{2}\right)^2$$

Sieht vielleicht kompliziert aus, ist aber leicht verständlich, wie Sie am folgenden Beispiel sehen können:

$25 \cdot 13$

$$\frac{25 + 13}{2} = 19$$

$$\frac{25 - 13}{2} = 6$$

19 zum Quadrat − 6 zum Quadrat = 361 − 36 = 325

ICH ENTDECKE MEIN GEDÄCHTNIS

Als ich feststellte, dass ich mit der Zeit immer besser wurde und das Rechnen schneller und sicherer ging, wollte ich mein Gehirn gezielt trainieren. Ich googelte also Begriffe wie «Gehirn-Jogging», stieß aber hauptsächlich auf Seiten, die von Alzheimer und entsprechenden Medikamenten handelten. In einigen Fällen wurden kleine Denk- oder Konzentrationsspiele angeboten, die ich alle ausprobierte. Auf einer Seite konnte man sein Ultrakurzzeitgedächtnis trainieren. Dazu gab es mehrere Konzentrationsübungen samt Anleitungen, in denen öfter das Wort «Gedächtnistraining» auftauchte. Es war die Rede von Techniken, mit denen man seine Merkfähigkeit steigern kann. Ich wusste sofort, dass ich gefunden hatte, was ich schon so lange suchte. Ich wollte unbedingt mehr darüber erfahren und wünschte mir deswegen zu meinem 14. Geburtstag ein Buch über Gedächtnistraining. Der Band, den ich bekam, begeisterte mich auf Anhieb. Innerhalb von zwei Wochen lernte ich fast alle darin vorgestellten Techniken. Am liebsten hätte ich mich nur noch damit beschäftigt, nur noch die Methoden geübt, um dann endlich in der Lage zu sein, mir Mengen von Zahlen und anderes zu merken. Ich begann damit, jeden Tag am Computer mit einem kostenlosen Trainingsprogramm zu arbeiten. Immer, wenn ich einen neuen Level erreicht hatte, verließ ich freudestrahlend mein Zimmer, um es allen zu verkünden – so richtig verstanden hat mich natürlich keiner in der Familie.

Die Routenmethode

Im Zusammenhang mit der Geschichtenmethode haben Sie gesehen, wie wichtig phantasievolle Bilder für das Einprägen sind. Um nun solche Bilder wirklich zuverlässig und systematisch abspeichern zu können, verwendet man die Routenmethode. Sie ist eine der ältesten und bewährtesten Merk- und Lerntechniken, die darauf basiert, dass unser Denken vorwiegend assoziativ geschieht und wir Informationen besonders gut speichern können, wenn sie an eine feste Struktur, sprich an Orte, gebunden sind. Lernen und Merken geschieht am schnellsten und effektivsten, wenn man Neues, Unbekanntes mit «altem» Wissen, mit bereits Bekanntem verbinden, assoziieren kann. Indem man etwas, was man schon weiß, also schon fest im Gedächtnis verankert hat, durch eine Assoziation mit einer neuen Information verknüpft, kann man allein durch das «Bekannte» auf den noch frischen Gedächtnisinhalt schließen.

Doch nicht alles, was wir uns merken wollen, lässt sich auch gleich im Gedächtnis verankern, und umgekehrt können wir viele unbedeutende Kleinigkeiten nicht mehr aus unserer Erinnerung löschen. Um uns also etwas für uns Wichtiges wirklich merken zu können, müssen wir aktiv werden. Das, was wir uns einprägen wollen, ist der Erinnerungsinhalt. Um den Erinnerungsinhalt zu beherrschen, brauchen wir eine Gedächtnisstütze. Viele Dinge, die uns im täglichen Leben begegnen, sind nichts anderes als Gedächtnisstützen.

Schon im 13. Jahrhundert schrieb der italienische Gelehrte Boncampagno da Signa über die verschiedenen Arten der Gedächtnisstützen in unserem Alltag:

«Und um in aller Kürze das Besondere unter das Allgemeine zu bringen, behaupte ich, *daß* alle Bücher, die je geschrieben wurden, alle Urkunden, alle Unterschriften, auch alles in Wachs Geschriebene, alle Gemälde, Bilder und Skulpturen, alle steinernen, eisernen oder auch hölzernen Kreuze, mögen sie an Verzweigungen von zwei, drei oder vier Wegen stehen, auch die Kreuze, die an irgendwelchen klerikalen Gebäuden angebracht sind und jene, die man oben auf Kirchen oder Spitäler gesetzt hat, ferner Glockentürme, Pranger, Galgen, Sklavenjoche, Eisenketten und die Richtschwerter, … die Winke und Zeichen der Liebenden; das Pfeifen der Strolche; die großen und kleinen Höflichkeitsgeschenke, – *daß* dies alles erfunden worden ist, um unser gar zu schwaches natürliches Erinnerungsvermögen zu stützen.»[2]

Wenn es stimmt, dass ein Großteil unserer materiellen, von Gewohnheiten und Konventionen bestimmten Welt unser Erinnerungsvermögen unterstützt, haben wir alle im Alltag mit Mnemotechnik zu tun. Wir orientieren uns an «Bekanntem», das uns Gedächtnisstütze ist, um darüber immer wieder «Unbekanntes» als Erinnerungsinhalt neu aufzunehmen.

Unter all diesen Gedächtnisstützen gehören Orte oder Wege mit zu den hilfreichsten «Fixpunkten». Nicht zufällig hieß die Routenmethode ursprünglich auch Loci-Technik (lat. locus «Ort», «Platz»). Das Wohnzimmer, die Küche, der Arbeitsweg – wir kennen unsere alltägliche Umgebung, ohne uns noch Gedanken darüber machen zu müssen. Mit diesem gespeicherten Bekannten kann man Unbekanntes verbinden, um es seinerseits auf Dauer abrufbar zu halten. Genau dies ist der Grundsatz der Routenmethode, die als Technik heute bei acht von zehn Disziplinen der Gedächtnisweltmeisterschaft von wahrscheinlich jedem Gedächtnissportler genutzt wird.

Um nun aber im Sinne dieser Methode von der Gedächtnisstütze auf den Erinnerungsinhalt schließen zu können, braucht man eine funktionierende Verknüpfung zwischen beiden. Man muss sozusagen eine Brücke, eine «Eselsbrücke», bauen. Fast immer ist diese Verbindung eine phantasievolle Assoziation. Das heißt, das Bekannte – hier die Routenpunkte – muss durch Bilder und Phantasie mit dem Unbekannten – der neuen Information – verknüpft werden.

Die Routenmethode eignet sich hervorragend dafür, auch größere Mengen an neuen Informationen in der richtigen Reihenfolge zu speichern. Zwar kann man sich wie gesehen auch mit Hilfe der Geschichtenmethode einiges in der richtigen Reihenfolge merken, aber die Menge an zu merkender Information ist sehr begrenzt. Denn wenn man aus mehreren Dutzend vorgegebenen Wörtern eine Geschichte macht, entsteht garantiert das reinste Chaos im Kopf. Mit der Routenmethode dagegen sind Tausende von Informationen geordnet und gut wieder abrufbar. Zudem ist sie zeitsparender und sicherer als die Geschichtenmethode.

Routenpunkte

Um die Routenmethode anwenden zu können, braucht man einen beziehungsweise mehrere gedanklich festverankerte Wege, also Routen, die wiederum aus einer festgelegten Reihe auffälliger Markierungen, den sogenannten Routenpunkten, zusammengesetzt sind. Um eine derartige Gedankenroute zu kreieren, müssen Sie lediglich eine Ihnen vertraute reale Strecke auswählen, zum Beispiel den täglichen Weg zur Arbeit, und sich diese als Abfolge markanter Stellen bildlich einprägen. Oder Sie nehmen einen Raum bei sich zu Hause, den Sie von der Tür aus im oder gegen den Uhrzeigersinn gedanklich ablaufen und dabei Punkte festlegen: Fernseher, Klavier, Kerzenständer, Regal usw. Wichtig ist, dass die Reihenfolge dieser Objekte eindeutig und klar ist und Sie sich die Route jederzeit ins Gedächtnis rufen können.

Am schnellsten verstehen Sie das Prinzip, wenn Sie selbst eine Route zusammenstellen: Gehen Sie den Raum, in dem Sie sich gerade aufhalten, im Uhrzeigersinn von einem Ausgangspunkt ab und schreiben Sie zehn Punkte auf. Als Routenpunkt eignet sich fast alles, was einen festen Platz hat und einigermaßen markant ist.

Meine Route:

1. _____   6. _____
2. _____   7. _____
3. _____   8. _____
4. _____   9. _____
5. _____   10. _____

Schließen Sie nun die Augen und versuchen Sie, den Weg in Gedanken noch einmal abzulaufen, indem Sie von Punkt zu Punkt «gehen» und sich dabei jeden Routenpunkt noch einmal ganz deutlich vorstellen. Es ist sehr wichtig, dass Sie wissen, wie diese Routenpunkte aussehen und in welcher Reihenfolge sie kommen.

Bei den folgenden zehn Wörtern, die Sie sich gleich mit Hilfe Ihrer Route einprägen sollen, um die Methode auszuprobieren, müssen Sie folgendermaßen vorgehen:

Das erste Wort kommt auf den ersten Routenpunkt, das zweite auf den zweiten usw. Sie rufen der Reihe nach jeden einzelnen Routenpunkt gedanklich ab und versuchen, das jeweils darauf abzulegende Wort phantasievoll mit ihm zu verknüpfen. Wenn zum Beispiel auf den Routenpunkt «Bett» das Wort «Löwe» fällt, können Sie sich vorstellen, dass der Löwe auf Ihrem Bett herumspringt und mit seinen Krallen das Bett in Fetzen reißt. Lassen Sie sich Zeit, wichtig ist erst einmal, dass Sie die Bilder zu Routenpunkt und Wort jeweils gut miteinander verbinden.

Merkliste:

1. Zahnbürste	6. Stift
2. Lasso	7. Nadel
3. Nutella	8. Klavier
4. Blumenstrauß	9. Bär
5. Säge	10. Küken

Sie prägen sich die Wörter am sichersten ein, wenn Sie sie wiederholen. Gehen Sie also wieder an den Anfang ihrer Route und rufen Sie die «Bilder», die Sie sich ausgedacht haben, noch einmal einzeln ab.

Für die Wiedergabe müssen Sie ihre Route im Kopf erneut abgehen, und bei jedem Punkt sollte Ihnen über die Verknüpfung das entsprechende Wort, das Sie sich gemerkt haben, wieder einfallen.

1. _____	6. _____
2. _____	7. _____
3. _____	8. _____
4. _____	9. _____
5. _____	10. _____

An dieser Übung sehen Sie, dass es nicht schwer ist, sich ein paar Wörter in der richtigen Reihenfolge zu merken. Möglicherweise haben Sie das eine oder andere Wort vergessen, aber die Reihenfolge haben Sie sicherlich nicht vertauscht. Das ist, wenn man seine Routen sicher kennt, mit dieser Methode nämlich fast unmöglich. Allerdings konnten Sie sich jetzt nur zehn Wörter merken, weil Sie nur zehn Routenpunkte zur Verfügung hatten. Nun sofort andere Wörter mit den Punkten zu verknüpfen würde nicht gut funktionieren. Durch die Überlagerung könnten Sie sich bei der Wiedergabe entweder zwischen den zwei Wörtern auf jedem Routenpunkt nicht entscheiden, oder jegliche Information wäre weg. Um sich also mehr Informationen einprägen zu können, braucht man mehr Routenpunkte. Da bei Weltmeisterschaften für fast alle Disziplinen die Routenmethode benötigt wird, muss man als Gedächtnissportler am Anfang seines Trainings ständig neue Routen schaffen. Ich habe momentan 2000 Routenpunkte, die sich auf der ganzen Welt verteilt befinden. Zur Sicherheit und besseren Übersicht habe ich Route für Route und Punkt für Punkt in ein Heft geschrieben. Als ich mit dem Training anfing, hatte ich nur 50 Routenpunkte, die jedoch eine ganze Weile ausreichten. Denn sobald man sich ein wenig Routine angeeignet hat, kann man Routenpunkte durchaus immer wieder neu belegen. Voraussetzung dafür ist nur, dass sie wieder «frei» sind, das heißt, die darauf abgelegten Informationen vergessen sind. Das Vergessen kann unterschiedlich lange dauern. Zu Beginn meines Trainings konnte ich die Route am nächsten Tag wieder neu belegen, inzwischen braucht mein Gedächtnis fünf oder sechs Tage, um eine Information wieder zu löschen.

Im Alltag können Routen in vielerlei Hinsicht von Nutzen sein und das Einprägen erleichtern. Sie sind sehr gut geeignet, um sich Schulstoff einzuprägen, Vorträge zu memorieren, aber auch schlicht, um Handynummern oder Einkaufslisten sicher im Kopf zu haben.

Tipps zum Anlegen von neuen Routen

- Gehen Sie beim Festlegen der Punkte in einem Raum immer im Uhrzeigersinn oder entgegengesetzt, aber wechseln Sie nicht ab.
- Finden Sie den für Sie passenden Abstand zwischen den Routenpunkten heraus: Manche brauchen bis zu 5 Meter Abstand, anderen reichen 5 Millimeter.
- Wählen Sie Routenpunkte aus, die sich immer am selben Ort befinden. Bewegliche Gegenstände, deren Standort wechselt, sind natürlich nicht geeignet.
- Wählen Sie die Punkte so aus, dass die Reihenfolge eindeutig ist. Zwei dicht übereinanderhängende Gemälde als Routenpunkte zu nehmen führt bei «Gebrauch» oft zu Verwirrung.
- Versuchen Sie, Punkte zu wählen, die etwa auf gleicher Höhe sind. Decke und Fußboden eignen sich nicht als Routenpunkte, da sie nicht im Blickfeld liegen und deshalb schnell vergessen werden.
- Achten Sie darauf, dass sich Ihre Routenpunkte unterscheiden und markant sind. In einem Wald jeden Baum als Routenpunkt zu nehmen ist ungünstig, innerhalb

einer Route sollten ähnlich aussehende Objekte nur einmal als Routenpunkt verwendet werden.

- Legen Sie Routen an Orten an, die Ihnen angenehm sind und an die Sie sich gerne erinnern.
- Schreiben Sie alle Routen auf, oder noch besser: Fotografieren Sie die einzelnen Punkte. Wichtig ist, dass Sie immer die Möglichkeit haben nachzuschauen, wenn Ihnen etwas unklar ist. Sie sollten die Routenpunkte nummeriert aufschreiben, sodass Sie gezielt bestimmte Punkte nachschauen können.

Je mehr Routenpunkte man benötigt, umso kreativer muss man werden. Da reichen Haus und Garten bald nicht mehr aus. Der Weg zur Arbeit oder vom Wohnort in die Heimatstadt eignet sich sehr gut. Auch im Schwimmbad oder im Fitnessstudio kann man Routenpunkte machen und in Kirchen, Supermärkten und Wohnungen von Freunden und Verwandten. Am schönsten finde ich persönlich gedankliche Spaziergänge in den Ländern, in denen ich Urlaub gemacht habe. Legen Sie bei jedem Urlaub eine Route an, und Sie werden es lieben, Ihr Gedächtnis zu trainieren. Denn was gibt es Schöneres, als beim Merken an schöne Ferienzeiten erinnert zu werden? Ich habe unter anderem Routenpunkte in Korsika, London, Paris, Griechenland, Lissabon und im Oman.

Die Körperroute

Es gibt eine besondere Art von Route, die trotz ihrer Einfachheit recht effektiv ist: Ihr Körper. Der unschlagbare Vorteil dieser Route ist, Sie führen sie immer mit sich.

1. Fuß
2. Knie

3. Oberschenkel
4. Bauch
5. Schultern
6. Hals
7. Mund
8. Nase
9. Augen
10. Haare

Das Merkprinzip ist genau dasselbe wie bei Ihrer ersten Route: Sie verknüpfen den Gedächtnisinhalt phantasievoll mit dem Routenpunkt, der in diesem Fall einen Körperteil darstellt. Sie können sich natürlich auch noch mehr Körperroutenpunkte ausdenken.

Zahlen merken

Pin-Codes, Telefonnummern, Jahreszahlen, Postleitzahlen, Kontonummern – Zahlen begegnen uns überall. Die meisten Menschen haben schon Probleme damit, ihre eigene Handynummer auswendig zu lernen. Wie soll man sich Zahlen merken? Was haben sie mit Bildern zu tun?

Zunächst nicht viel, aber dennoch merkt man sie sich nach demselben Prinzip wie Wörter. Da sie noch nicht bildhaft sind, wandelt man sie schlicht in Bilder um, aus denen wieder Geschichten gemacht werden können. Auf diese Weise trickst man sein Gedächtnis gewissermaßen aus. Für die Umwandlung der Zahlen in Bilder gibt es verschiedene Systeme wie zum Beispiel das leicht zu lernende Zahl-Reim-System. Man findet zu jedem Zahlwort einen Begriff, der sich darauf reimt: vier – Tier oder drei – Brei. Welche Reimwörter letztendlich genommen werden, ist unwesentlich. Die Hauptsache ist wieder, dass man sie sich gut bildlich vorstellen kann. Ein meiner Meinung nach schöneres System, das genauso gut funktioniert, ist das Zahl-Symbol-System.

An die Stelle einer Zahl setzt man ein bildliches Symbol, das in Form oder Bedeutung Parallelen zu der Ziffer aufweist: Die Null sieht aus wie ein Ei, die Eins ist so gerade wie ein Baum, der Schwanenhals ist geformt wie eine Zwei, der Dreizack hat drei Zacken, der Stuhl hat die Form einer Vier, und die Hand hat fünf Finger, der aufgerollte Rüssel eines Elefanten erinnert an eine Sechs. Was die Sieben mit den sieben Zwergen gemeinsam hat, dürfte klar sein, die Acht sieht aus wie ein Schneemann, und die Neun ähnelt einem Luftballon mit Schnur.

Zahl-Symbol-System

0 → Ei

5 → Hand

1 → Baum

6 → Elefant

2 → Schwan

7 → sieben Zwerge

3 → Dreizack

8 → Schneemann

4 → Stuhl

9 → Luftballon

Durch Verknüpfung der Zahlenbilder, die sich im Übrigen sehr schnell und problemlos merken lassen, wird das Einprägen einer vierstelligen Geheimnummer zum Kinderspiel:

4 9 3 8

Ein Stuhl steht auf einer Wiese, an ihm ist ein Luftballon befestigt. Der Luftballon fliegt hoch, und in der Luft wird er von einem Dreizack angegriffen und zerplatzt. Die Reste des Luftballons fallen herunter und landen direkt auf einem Schneemann.

Versuchen Sie es selbst mit folgenden Zahlenkombinationen:

5 7 2 1

_____

_____

_____

_____

9 8 3 4

_____

_____

_____

_____

6 0 7 5

_____

_____

_____

_____

_____

Lösungsvorschläge:

5 7 2 1

Ich reiche meine **Hand** den **sieben Zwergen**, um sie zu begrüßen. Da kommt ein **Schwan**, beißt mir in die Finger und läuft weg. Als ich ihm hinterherrennen will, stoße ich gegen einen **Baum.**

9 8 3 4

Ein **Luftballon** fliegt über einen **Schneemann**. Der packt die Schnur des Luftballons und lässt sich hoch in die Luft ziehen. Da kommt ein **Dreizack** und bringt den Luftballon zum Platzen, woraufhin der Schneemann abstürzt, auf einem **Stuhl** landet und kaputtgeht.

6 0 7 5

Ein **Elefant** legt ein **Ei**. Da kommen die **sieben Zwerge** und stehlen das Ei. Doch als sie es aufbrechen, ist darin kein Elefantenbaby, sondern eine **Hand**.

Das Zahl-Symbol-System kann man natürlich auch mit der Routenmethode verbinden. Da Sie inzwischen zweimal zehn Routenpunkte haben (Ihre eigene Route und die Körperroute) und alle Ziffern in ein Symbol umwandeln können, sind Sie jetzt schon in der Lage, sich zwei Handynummern einzuprägen. Sie wandeln jede Ziffer in das jeweilige Bild um und verknüpfen dieses mit einem Routenpunkt, um sich die Ziffernfolge zu merken. Wiederholen Sie vor dem Einprägen noch einmal die einzelnen Punkte Ihrer Route, um die Abfolge wirklich sicher zu beherrschen.

Die Null müssen Sie sich nicht merken, da jede Handynummer damit anfängt.

Handynummer 1 – Ihre eigene Route
0 1 5 7 2 9 4 7 5 8 4

Handynummer 2 – die Körperroute
0 1 6 2 9 3 7 7 4 8 2

Lassen Sie sich Zeit und versuchen Sie, einprägsame Assoziationen zu finden.
Wiedergabe Handynummer 1 (Ihre eigene Route)

_____

Wiedergabe Handynummer 2 (die Körperroute)

_____

Wenn Ihnen bei manchen Routenpunkten das zugehörige Bild nicht sofort einfällt, ist das kein Problem: Visualisieren Sie den betreffenden Routenpunkt und gehen Sie alle zehn Zahlenbilder durch, dann wird Ihnen die richtige Zahl höchstwahrscheinlich einfallen.

Vielleicht haben Sie das Problem bei dieser Methode schon erkannt: Vier Ziffern kann man sich damit gut merken, aber schon bei einer Handynummer von zehn Ziffern wiederholen sich einige Zahlen. Für den Alltagsgebrauch ist das Zahl-Symbol-System völlig ausreichend. Sobald man sich jedoch größere Zahlenmengen einprägen will, funktioniert es nicht mehr, da sich die vorhandenen Bilder viel zu häufig wiederholen und nur noch verwirren. Es gibt deswegen noch ein anderes Zahlenmerksystem, das sehr viel mehr Bilder und damit eine größere Variabilität bietet. Dieses System ist allerdings auch um einiges komplizierter und beansprucht mehr Zeit, bis man es wirklich beherrscht.

Das Mastersystem

Das Mastersystem, eine bereits im 17. Jahrhundert entwickelte und seitdem immer weitergeführte Mnemotechnik, beruht auf dem schon bekannten Prinzip, dass abstrakte Ziffern in Bilder umgewandelt werden, die sich sehr viel leichter einprägen und abrufen lassen. Im Unterschied jedoch zu einfachen Systemen macht man nicht mehr nur aus jeder Ziffer, sondern auch aus jeder zweistelligen Zahl zwischen 0 und 99 ein Bild. Es werden also insgesamt 100 Zahlen codiert, sodass nicht mehr nur 10, sondern 100 Bilder zur Verfügung stehen. Die Wörterbildung geschieht auf der Grundlage einer festgelegten Zuordnung von Konsonanten zu den Ziffern 0 bis 9; aus diesen Konsonanten beziehungsweise deren Kombination werden unter Hinzufügung von Vokalen Merkwörter gebildet. Der Zifferncode, um den sich dieses System dreht, und die Ableitung der Begriffe daraus lässt die Technik zunächst etwas kompliziert und sperrig erscheinen, macht sie aber tatsächlich – nach einer gewissen Zeit der Übung – zu einem hervorragenden Instrument zum Einprägen großer Informationsmengen.

Hier der von mir etwas vereinfachte Zifferncode, mit dem Sie sich als Erstes vertraut machen sollten:

0	s, z, ß
1	d, t
2	n
3	m
4	r
5	l
6	sch, ch
7	k, ck
8	w, v, f, pf
9	b, p

Am einfachsten kann man die Vorgehensweise an einem Beispiel erklären:

40 → Rose

Der bildliche Begriff für die Zahl 40 muss dem Zifferncode zufolge die Konsonanten r für 4 und s, z oder ß für 0 enthalten. Jetzt müssen Vokale eingefügt werden, um so ein Merkwort zu bilden, das man sich gut einprägen kann. Hierfür gibt es immer mehrere Möglichkeiten. Ich habe «Rose» gewählt, genauso könnte man aber auch «Reis» oder ein anderes Wort nehmen. Dadurch, dass die Konsonanten den Bezugspunkt zu den Ziffern abgeben, orientiert sich die Wortwahl an deren jeweiliger Kombination, aus der zusammen mit den Vokalen immer mehrere Wortvarianten ableitbar sind.

Zur Veranschaulichung hier noch weitere Beispiele:

58 → Löwe
93 → Baum
33 → Mama
16 → Tasche
55 → Lilie

Da also für alle Ziffern mehrere Wortmöglichkeiten zur Verfügung stehen, sollten Sie jeweils ein Bild auswählen und sich darauf festlegen. Es ist ratsam, sich die Merkwörter auszusuchen, die einem am besten gefallen, da man die Liste der festgelegten Begriffe möglichst auswendig lernen sollte. Mit Hilfe dieser persönlichen Codierung in Kombination mit der Routen- oder Geschichtenmethode werden Sie sich schon bald mühelos große Mengen an Zahlen merken können.

So groß der Aufwand am Anfang auch erscheinen mag, ich bin sicher, Sie werden Ihren Einsatz nicht bereuen. Sich Zahlen zu merken ist meiner Meinung nach eine der besten Möglichkeiten, Gedächtnis und Konzentrationsfähigkeit zu trainieren.

Aus den folgenden Vorschlägen können Sie sich nun Ihre ganz persönliche 100er-Liste zusammenstellen. Sie können natürlich die Vorschläge für passende Wörter ergänzen durch andere Möglichkeiten, die Ihnen einfallen. Es ist, wie schon erwähnt, wichtig, dass Sie Merkwörter auswählen, die Sie mögen und sich bildlich gut vorstellen können. Zusätzlich sollten Sie darauf achten, dass sich die Merkwörter in Ihrer Vorstellung deutlich unterscheiden, sodass später bei der Anwendung keine Irritationen auftreten können. Hase und Kaninchen sollten also beispielsweise nicht beide in der Liste enthalten sein.

Auswahl für Ihre persönliche 100er-Liste

Nr.		Wörter
00		Zeus, Soße, Ass, Sushi
01		Seide, Eistee, Stau, Seite, Zeit, Ast, Sattel
02		Zaun, Ozon, Asien, Ozean, Eisen, Zone, Sauna
03		Sumo, Same, Saum, Zaum
04		Säure, Serie, Sauerei, Saurier
05		Seil, Säule, Ziel, Seele, Esel, Saal
06		Seuche, Suche, Zeche, Sichel
07		Zecke, Sack, Socke, Zicke, Seekuh
08		Zofe, Sofa, Seife, Safe
09		Sieb, Azubi, Sepia, Suppe, Sippe
10		Tasse, Düse, Dose, Tussi, Tesa
11		Tod, Diät, Datei, Tüte, Idiot
12		Tanne, Teenie, Ton, Ätna, Düne
13		Dame, Team, Dom, Atem
14		Tier, Teer, Tür, Euter, Eiter
15		Tal, Diele, Adel, Teile, Deal, Idol, Teller
16		Tasche, Dach, Deich, Tacho, Tuch, Teich, Dusche
17		Theke, Decke, Dock, Takko
18		Taufe, Tofu, TÜV
19		Taube, Tipi, Dip, Dieb, Dubai
20		Nase, Anis, Nuss
21		Note, Ente, Neid, Not, Niete
22		Nonne, Nena
23		Nemo, Name, Nummer

24		Narr, Niere
25		Nil(pferd)
26		Nische
27		Inka, Unke, Nokia
28		Neffe, Hanf, Nivea
29		Nabel, Neubau, Anbau, Nippel
30		Moos, Maus, Ameise, Mais
31		Matte, Amt, Heimat, Mut, Mode
32		Mann, Mine, Mohn, Menü, Mähne
33		Mama, Mumie, Amme
34		Meer, Eimer, Moor, Mauer
35		Mull, Meile, Maul, Muli, Email, Mehl
36		Macho, Moschee, Masche
37		Mücke, Macke
38		Möwe, Mofa, Mafia
39		Mappe, Umbau, Amöbe, Mob
40		Reis, Rose, Ruß, Reise, Riese
41		Ratte, Rad, Radio, Aorta, Radau, Rodeo, Erde
42		Ruine, Rune, Urin, Arena, Ren, Urne
43		Arm, Raum, Rahm, Armee, Rom
44		Arier, Rohr, Rührei
45		Rolle, Areal, Erle
46		Rauch, Rüsche, Arche
47		Rock, Reck
48		Riff, Reifen

49		Raupe, Rabe, Rübe, Robe, Erbe, Rebe, Rupie
50		Los, Laus, Lasso
51		Aldi, Elite, Lied, Leute
52		Leine, Liane, Lehne, Alien, Linie
53		Lehm, Alm, Lama, Limo, Leim
54		Leier, Lore, Leere
55		Lilie, Allee
56		Loch, Leiche, Lauch, Elch
57		Lack, Lok, Laken, Locke, Lücke
58		Löwe, Lava, Elfe, Olive
59		Lappen, Leib, Laub, Lupe
60		Chaos, Achse, Ochse, Echse
61		Schutt, Schote, Chat
62		Scheune, Schnee, Schiene
63		Schaum, Schema, Chemie
64		Schere, Schiri, Schar
65		Schal, Schule, Schale, Chili, Scholle
66		Schach, Scheich
67		Scheck, Chuck
68		Schaf, Chef
69		Scheibe, Schabe, Chip
70		Kuss, Kies, Kauz, Käse
71		Kette, Akte, Aktie, Kot
72		Kanne, Knie, Kino, Kanu
73		Kamm, Kieme, Keim

74		Kur, Acker, Kür
75		Klee, Keule, Koala, Klo, Klaue
76		Koch, Küche
77		Kacke, Akku, Kakao
78		Kaffee, Kiwi, Kufe
79		Kappe, Kippe, Kopie
80		Fass, Vase, Wiese, Eiweiß
81		Fett, Wade, Foto, Feta, Weide
82		Fahne, Vene, Wein, Ofen
83		WM, Vampir
84		Fähre, Frau, Feuer, Ufer
85		Wolle, Wal, Folie, Floh, Feile
86		Fisch, Wäsche
87		Wok, Wicke, Fackel
88		Waffe, Affe, FIFA
89		Wippe, Wabe, Viper
90		Bus, Obst, Pose
91		Boot, Bude, Abt, Beet, Pute, Bad
92		Bahn, Biene, Pinie, Bein, Ebene
93		Baum, Puma, Opium
94		Bär, Brei, Beere, Oper, Püree, Bier, Braue
95		Ball, Beule, Pool, Beil
96		Busch, Bauch, Bach, Buch
97		Backe, Pauke, Bock
98		Pfeife, Pfau
99		Papa, Hippie, Bube, Pipi (Langstrumpf)

Wenn Sie jeweils einen Begriff ausgewählt haben, gehen Sie die Liste gleich noch einmal durch und stellen Sie sich jedes einzelne Ihrer Merkwörter bildlich vor. Auch hier ist wieder Ihre Phantasie gefragt: Je ungewöhnlicher die Bilder, desto besser lassen sie sich einprägen. Denken Sie zum Beispiel bei dem Wort «Ball» an den Lieblingsball aus Ihrer Kindheit, bei «Kanne» an ein schrilles Exemplar mit einem extravaganten Muster oder einer ebensolchen Form usw. Sie sollten sich fürs Erste auf je ein bestimmtes Bild zu einem Zahlenwert festlegen, so dass Sie nicht immer wieder neu nachdenken und kreativ werden müssen.

Sobald Sie den Zifferncode sicher beherrschen und die Merkwörter mit den entsprechenden Bildern bestimmt haben, können Sie anfangen, das System zu lernen. Am günstigsten ist es, wenn Sie immer zehn Wörter auf einmal lernen. Nehmen Sie sich für jeden Tag einen Abschnitt vor und wiederholen Sie die Wörter, wann immer Sie Zeit haben.

Übungen

Sollten Sie anfangs noch Probleme haben, zu jedem Zahlenwert das von Ihnen festgelegte Wort zuverlässig zu finden, probieren Sie Folgendes aus: Nehmen Sie die Konsonantenkombination zu der entsprechenden Zahl und setzen Sie dann in Gedanken die Vokale der Reihe nach ein. So kommen Sie meistens auf das Wort, das Sie ausgewählt haben. In der Zeile unter dem Merkwort ist Platz für die Beschreibung Ihres Bildes.

21 → N + t/d = _____

Beschreibung: _____

73 → K + m = _____

Beschreibung: _____

49 → R + p/b = _____

Beschreibung: _____

58 → L + v/f/w/pf = _____

Beschreibung: _____

37 → M + k/ck = _____

Beschreibung: _____

42 → R + n = _____

Beschreibung: _____

16 → T/D + sch/ch = _____

Beschreibung: _____

94 → P/B + r = _____

Beschreibung: _____

80 → F/V/W/Pf + s/z/ß = _____

Beschreibung: _____

05 → S/Z + l = _____

Beschreibung: _____

- Schreiben Sie sich die Zahlen und Wörter auf kleine Karteikarten. Damit können Sie üben, von der Zahl auf das Wort, aber auch vom Wort auf die Zahl zu kommen. Ordnen Sie die Karten in einer Reihenfolge an, die von der Zahlenfolge abweicht.
- Versuchen Sie, wo und wann immer Sie können, Zahlen, die Ihnen begegnen, in Ihre Merkwörter umzuwandeln: Telefonnummern auf Werbeplakaten, Zahlen auf dem Kalender, Autokennzeichen – Sie wissen ja: «Übung macht den Meister.»
- Lernen Sie morgens einen Abschnitt von zehn Wörtern und gehen Sie den tagsüber so oft wie möglich durch (dauert nur eine Minute), sodass Sie die Wörter abends können.
- Rufen Sie sich zu den Wörtern immer die entsprechenden Bilder ins Gedächtnis. Je mehr Sie diese Bilder verinnerlichen, desto schneller und sicherer werden Sie auf die codierte Zahl kommen.

Es funktioniert wirklich

Mastersystem und Routenpunkte sind die beiden Techniken, die jeder Gedächtnissportler perfekt beherrschen sollte. Um das zu erreichen, ist Motivation die alles entscheidende Voraussetzung. Nachdem ich das Mastersystem erst einmal kennengelernt hatte, wollte ich so schnell wie möglich in der Lage sein, mir Zahlen und anderes schnell und systematisch zu merken. Jeden Abend vor dem Schlafengehen ging ich die gesamten 100 Bilder meiner persönlichen Liste im Kopf durch. Wenn mir dabei ein

Bild nicht einfiel, suchte und probierte ich so lange, bis ich es gefunden hatte – vorher «durfte» ich nicht schlafen. Ich habe noch genau den Tag im Kopf – es war ein 6. Dezember –, an dem ich meinen ersten persönlichen Erfolg im Zahlenmemorieren hatte: Insgesamt 40 Ziffern hatte ich mir aufschreiben lassen, um sie mir mit Hilfe des Mastersystems einzuprägen. Damals arbeitete ich noch ohne Zeitbeschränkung, wiederholte deshalb zur Sicherheit, bevor ich sie dann allesamt richtig wiedergeben konnte. Ich war unsagbar glücklich darüber, und jedes Jahr am Nikolaustag erinnere ich mich daran und freue mich, dass ich mich für den Gedächtnissport entschieden habe.

Von da an übte ich ein halbes Jahr lang jeden Tag mit meinem Trainingsprogramm am Computer und merkte bald, wie schnell sich meine Leistung durch mein regelmäßiges Training verbesserte. Ich führte damals ein «Trainingstagebuch», um meine Ergebnisse festzuhalten. Anhand solcher Notizen kann man seine Entwicklung noch einmal zurückverfolgen und schwarz auf weiß sehen, wie und wie schnell man sich gesteigert hat. Ich war von meinen eigenen Leistungen so begeistert, dass ich immer wieder Sätze dazuschrieb wie: «Wow, es funktioniert wirklich!»

Die Erfolgserlebnisse treten beim Gedächtnissport am Anfang wirklich sehr schnell ein. Irgendwann sind Mastersystem und Routen automatisiert, und das Einprägen geht viel schneller und leichter und macht immer mehr Spaß. Die Profis im Gedächtnissport wissen, dass man nicht jeden Tag stundenlang trainieren muss, um sein Gedächtnis zu verbessern. Man kann schon viel erreichen, wenn man jeden Tag nur zehn Minuten übt.

Neben dem Training der verschiedenen Techniken gibt es jedoch noch zusätzliche Möglichkeiten, die helfen, die Gedächtnisleistung zu verbessern. Als ich im Internet las, dass viele Gedächtnissportler die Angewohnheit haben, zwischen den Disziplinen bei Meisterschaften zu jonglieren, machte mich das neugierig genug, um es auch auszuprobieren. Beim Jonglieren sind Funktionen beider Gehirnhälften gleichzeitig aktiv – das wirkt ausgleichend und entspannend und unterstützt dabei die Konzentrationsfähigkeit.

Jonglieren

Nach wenigen Wochen Gedächtnistraining begann ich, jonglieren zu lernen, und längst dürfen auch bei mir die Jonglierbälle bei keiner Meisterschaft mehr fehlen. Das Jonglieren lenkt mich ab, ohne mich zu zerstreuen. Ich bleibe konzentriert und hellwach, obwohl sich die Bewegungsabläufe fast automatisch vollziehen. Die Gleichförmigkeit der Bewegungen hilft Stress abzubauen, gleichzeitig werden Sehvermögen, Koordination, Wahrnehmung, Beweglichkeit und Ausdauer verbessert. Auch auf die Konzentrationsfähigkeit, Reaktionsschnelligkeit und das Zeit- und Gleichgewichtsgefühl hat Jonglieren eine positive Auswirkung. Verschiedene wissenschaftliche Studien konnten sogar belegen, dass sich durch regelmäßiges Jonglieren die «grauen Zellen» vermehren!

Der Trainer und Jongleur Stepahn Ehlers hat «101 gute Gründe, Jonglieren zu lernen»[3] zusammengestellt, von denen ich Ihnen nur einige zur Motivation vorstellen möchte:

1. **Jonglieren** fördert die Geschicklichkeit.
2. **Jonglieren** verbessert das Rhythmusgefühl.
3. **Jonglieren** stärkt die Kondition.

4. **Jonglieren** stellt einen idealen Ausgleich zu Belastungen im Alltag dar.
5. **Jonglieren** bringt einen Gewinn an Konzentrationsvermögen.
6. **Jonglieren** baut negativen Stress ab.
7. **Jonglieren** fördert die Disziplin.
8. **Jonglieren** erfordert und belohnt körperliche und geistige Präzision.
9. **Jonglieren** stärkt das Körpergefühl.
10. **Jonglieren** führt zur Verbesserung der Auge-Hand-Koordination.
11. **Jonglieren** bringt mehr Geduld mit sich selbst und anderen.
12. **Jonglieren** fördert das Ballgefühl.
13. **Jonglieren** führt automatisch zur Verbesserung der Grobmotorik.
14. **Jonglieren** führt zur Verbesserung der Feinmotorik.
15. **Jonglieren** bietet einen gesunden Ausgleich zur Monotonie bei manueller Arbeit, z. B. Arbeit am Computer.
16. **Jonglieren** fördert auch die nichtdominante Körperseite.
17. **Jonglieren** vereinfacht auch das Erlernen komplizierter Bewegungsabläufe und fördert die allgemeine Koordinationsfähigkeit.
18. **Jonglieren** führt zu einer besseren Körperhaltung.
19. **Jonglieren** trainiert die Phantasie.
20. **Jonglieren** wirkt zugleich beruhigend und angenehm anregend.
21. **Jonglieren** ist ein ideales Gebiet zum Erlernen von mentalem Training.
22. **Jonglieren** fördert das logische Denken.
23. **Jonglieren** ist eine schöpferische und gestaltende Kunstform.

24. **Jonglieren** kann jeder lernen.
25. **Jonglieren** steigert die Fähigkeit, sich auf verschiedene Dinge gleichzeitig zu konzentrieren und dabei jeder Handlung die nötige Aufmerksamkeit zukommen zu lassen.

Durch diese positiven «Nebenwirkungen» ergänzt die Jonglierkunst den Gedächtnissport perfekt. Sie finden in Büchern und im Internet zahlreiche Übungsanleitungen, aber mit ein wenig Geduld und Übung kommt man auch alleine darauf, wie die Bewegungen funktionieren. Wenn die Grundbewegungen stimmen, können Sie anfangen, jonglierend durchs Haus zu laufen, sich im Kreis zu drehen, sich hinzusetzen und wieder aufzustehen oder die Bälle im Wechsel hoch und niedrig zu werfen. Auch hier gilt: Jeden Tag ein wenig üben, um mit der Zeit immer sicherer zu werden.

Man kann natürlich mit allen möglichen Gegenständen jonglieren, anfangen sollten Sie aber mit nur zwei oder drei Bällen. Vorab lässt sich der Bewegungsablauf sehr gut mit Tüchern üben, da sie langsamer fallen.

Tipps zum Üben

- Werfen Sie einen Ball von der einen zur anderen Hand und achten Sie auf einen schönen Bogen.
- Werfen Sie einen Ball, so hoch es geht, zur Decke, ohne dass er sie berührt.
- Lassen Sie den Ball fallen und versuchen Sie dann, ihn wie ein Jojo früher zu fangen.
- Werfen Sie einen Ball in einem großen Bogen über Ihren Kopf von der einen zur anderen Hand.
- Werfen Sie die Bälle über Kreuz und fangen Sie sie gleichzeitig auf.

- Nehmen Sie zwei Bälle und werfen Sie sie gleichzeitig senkrecht nach oben, die Bälle sollten möglichst gleich hoch fliegen.

Ich war mittlerweile bereits intensiv mit den Gedächtnistechniken beschäftigt, erzählte aber niemandem von meinem «seltsamen» Hobby – als 14-Jährige schien es mir nicht wirklich cool, mit Gedächtnistraining glänzen zu wollen. Da selbst meine Familie nicht richtig verstanden hat, warum und wie ich mein Gedächtnis trainierte, beschloss ich aus Angst, nur auf Unverständnis, wenn nicht Ablehnung zu stoßen, es bei Gleichaltrigen und Freunden erst gar nicht zu versuchen. Nicht einmal meiner besten Freundin erzählte ich davon. Das Einzige, was sie mitbekam, war, dass ich nicht mehr jeden Nachmittag für sie Zeit hatte und häufiger am Telefon nicht erreichbar war. Auch meiner Familie war anfangs nicht im Geringsten bewusst, wie ernst mir das Ganze war. Sie hielt es wohl für eine Art Computerspiel, mit dem ich mich da beschäftigte, und ging davon aus, dass es eine «Phase der Pubertät» sei, die irgendwann wieder aufhören würde.

Nach einigen Monaten des Lernens und Übens der Techniken traute ich mich an die «Königsdisziplin» des Gedächtnissports, den Kartensprint. Es ist die spannendste Disziplin bei jeder Meisterschaft, die immer an letzter Stelle kommt. Hierbei geht es darum, sich die Reihenfolge der Spielkarten eines kompletten Spiels, also 52 Karten, so schnell wie möglich einzuprägen.

Das Kartensystem

Für das Memorieren von Spielkarten nach dem Master-system braucht man für jede Karte wieder ein Bild, das an einem Routenpunkt abgelegt wird. Die Begriffe dazu bildet man, indem man zunächst den vier Farben der Spielkarten Buchstaben zuordnet: K für Karo; P für Pik; H für Herz und Z für Kreuz, für diese Farbe also ihr letzter Buchstabe, weil K bereits vergeben ist. Sämtliche Merkwörter für Karten einer Farbe beginnen jeweils mit dem «Farbenbuchstaben».

Für den Wert der einzelnen Zahlenkarten werden wieder entsprechend dem Zifferncode die Buchstaben genommen, aus denen ein Merkwort gebildet wird, das mit dem Buchstaben der jeweiligen Farbe beginnt. Die Zehn hat die Buchstaben der Null (s, ß, z) und das Ass die der Eins (t, d). Für die Bildkarten Bube, Dame und König rate ich Ihnen, nicht Bilder, sondern Personen zu nehmen, die Sie sich gut vorstellen können. Ich habe ein paar Vorschläge von Personen aufgelistet, die je nach Farbe mit dem entsprechenden Buchstaben anfangen, empfehle Ihnen jedoch, sich selbst eine Auswahl an Personen, zu denen Sie einen Bezug haben, zusammenzustellen. Freunde zum Beispiel, deren Name mit einem der Buchstaben für die Farben beginnt, oder Sie weichen auch von der Buchstabenregel ab und wählen für einzelne Bildkarten rein assoziativ aus. Ich habe bei Kreuz König als Bild zum Beispiel Michael Jackson und bei Karo Bube Til Schweiger. Bei Herz Dame denke ich immer an meine Freundin Hannah.

	Kreuz	Vorschläge		Pik	Vorschläge
2		Zahn, Zaun	2		Panda
3		Zimt, Zoom	3		Puma
4		Zirkel, Zorro	4		Paar, Porree
5		Ziel, Zahl, Zelt	5		Pollen, Pille
6		Zuschauer	6		Pech
7		Zicke, Zecke	7		Pauke, Pickel
8		Zofe	8		Pfeife
9		Zauberer	9		Pipi, Popo
10		Zaster	10		Pass, Pisse
B		Zinedine Zidane	B		Pinocchio
D		Zarah Leander	D		Pamela Anderson
K		Zäsar	K		Papst
A		Zeit, Zettel	A		Pudding
	Herz	Vorschläge		Karo	Vorschläge
2		Hand	2		Kanu, Kanne
3		Hamburger, Hammer	3		Kamm
4		Haare	4		Karotte, Karre
5		(Paris) Hilton, Halle	5		Keule, Kelle
6		Hecht	6		Kuchen
7		Hacke, Hecke	7		Kakao, Keks
8		Hafer, Hefe	8		Kiwi, Kaffee
9		Hipp, Hobel	9		Kappe
10		Hase	10		Käse, Kasse
B		Freund mit H	B		Freund mit K

D		Freundin mit H	D		Keira Knightley
K		Harald Schmitt	K		Kaiser Franz
A		Hut, Hütte	A		Katze, Kette

Für den Alltag gibt das Merken von Spielkarten keine wirklich nützliche Technik ab. Allerdings sind in dieser Disziplin sehr schön die Fortschritte zu erkennen, die man im Training macht. Am Anfang benötigen Sie wahrscheinlich deutlich mehr als zehn Minuten, um sich ein Kartenspiel einzuprägen. Wenn Sie es irgendwann in fünf Minuten oder noch kürzerer Zeit schaffen, haben Sie allen Grund, stolz auf sich und Ihre Gedächtnisleistung zu sein.

ICH BIN GEDÄCHTNISSPORTLERIN!

Eines Tages überraschte mich mein Trainingsprogramm, mit dem ich immer noch täglich am Computer übte, mit folgendem Glückwunsch: «Wir gratulieren: Sie haben den Durchschnittslevel 5 überschritten! Mit diesem tollen Ergebnis empfehlen wir Ihnen die Teilnahme an den Regionalen MemoryXL-Meisterschaften.» Ich freute mich riesig über diesen Erfolg und war fest entschlossen, an der Süddeutschen Gedächtnismeisterschaft, die in einem Monat in München stattfinden sollte, teilzunehmen. Immer wieder hatte ich in der vergangenen Zeit den Wunsch verspürt, mich mit anderen Gedächtnissportlern zu messen.

Süddeutsche Meisterschaft 2007

An einem Sonntagmorgen im Juni begab ich mich also zur Wilhelmstraße 34 in München, um zum ersten Mal an einer Gedächtnismeisterschaft teilzunehmen. Mir war zwar klar, dass ich sieben verschiedene Disziplinen durchlaufen musste, ich hatte aber ansonsten keinerlei Vorstellung, was mich erwartete. Der erste Gedächtnissportler, den ich sah, war Clemens Mayer, zu dieser Zeit amtierender Weltmeister. Ich kannte ihn von Fotos im Internet, und für mich war er wohl damals so etwas wie ein Star, zu dem ich bewundernd aufblickte. Nie hätte ich damit gerechnet, ihn hier anzutreffen, und machte meine Mutter, die mich begleitet hatte, auf ihn aufmerksam. Noch ganz aufgeregt von dieser Begegnung ging ich in den Veranstaltungsraum, wo ich freundlich begrüßt wurde. Nachdem ich einen Platz ausgesucht hatte, wurde mir nach einem kurzen Blick in die Runde schnell klar, dass ich alles andere als gut vorbereitet war. Da ich bis jetzt fast ausschließlich am Computer trainiert hatte, war ich überhaupt nicht auf die Idee gekommen zu überlegen, wie und womit ich mich für die Teilnahme an einer Gedächtnismeisterschaft eventuell ausstatten müsste. Alle um mich herum waren gerade dabei, ihre Schallschutzkopfhörer und Stoppuhren auf den Tisch zu stellen, manche beschäftigten sich mit ihren mitgebrachten Kartenstapeln, und ich hatte nicht einmal an einen Stift gedacht. Aber schon bald wurden mir von allen Seiten Stifte gereicht und sogar eine Stoppuhr, die jemand für alle Fälle als Ersatz mitgebracht hatte. Auch den Ablauf des Kartensprints bekam ich noch schnell erklärt.

Natürlich lief fast alles schief. Ich war nervös, vor allem weil die Situation so völlig neu für mich war und ich mir die ganze Sache irgendwie ein bisschen einfacher vorgestellt hatte. Die Ergebnisse, die ich erzielte, waren deswegen auch alles andere als zufriedenstellend, mit Ausnahme der Disziplin «Historische Daten», die ich im Folgenden gleich vorstellen möchte. Dafür aber nahm ich viele Erfahrungen mit nach Hause und einen Pokal für den «besten Newcomer». Trotz mäßiger Punktzahl war ich absolut begeistert und motiviert.

Die Disziplin «Historische Daten»

1009	Tanzmeisterschaft im Tango
1480	Einfuhr der Bananen nach Europa
1200	Erdbeben in Hamburg
1540	Erste Eisdiele am Südpol
1990	Bank von England wird ausgeraubt
1010	Geburt des kleinsten Affen
1685	Erste Verständigung mit Delfinen
1512	Bau des größten Weinkellers
1435	Tod König Philipps II.
1397	Mondfinsternis in Moskau
1351	Erfindung der Nähmaschine
2010	Kanu-Ralley am Amazonas
1984	Spinnenplage in München
1678	Glühbirne aus Plastik entwickelt
1991	Hasenjagd durch den Schwarzwald
1509	100. Gedächtnismeisterschaft in Hannover
2014	Überflutung von Paris
1187	Der letzte Tiger stirbt aus

Geschichtsliebhaber aufgepasst: Zu jeder Meisterschaft gehört eine Disziplin, die darin besteht, innerhalb von fünf Minuten möglichst viele Geschichtsdaten auswendig zu lernen, um sie dann wiederzugeben. Allerdings handelt es sich dabei um rein fiktive Daten, um den Teilnehmern gleiche Voraussetzungen zu garantieren. Bei «echten» Daten wären Geschichtskenner durch ihr Wissen entschieden im Vorteil.

Die Jahreszahlen bewegen sich in einer Zeitspanne von 1000 bis 2099, reichen also bis in die Zukunft. «Historische Daten» ist eine der Disziplinen, bei denen es nicht um die korrekte Wiedergabe einer Reihenfolge geht, und daher die Anwendung der Routenmethode nicht notwendig ist. Hier geht es wesentlich um die Technik der Visualisierung und Verknüpfung.

Dabei gibt es mehrere Möglichkeiten: Zunächst werden die Jahreszahlen entsprechend dem Mastersystem in Bilder transformiert. Da die Reihenfolge in dieser Disziplin keine Rolle spielt – für die Wiedergabe werden die Ereignisse in einer veränderten Abfolge präsentiert, und es muss die «richtige» Jahreszahl zugeordnet werden –, besteht nun die Möglichkeit, manche der gegebenen Informationen beim Einprägen zu übergehen. In der vorgegebenen Liste sind das die wenigen Jahresangaben, die mit einer Zwei beginnen. Dann nämlich kann man bei den verbliebenen Daten die Eins für das Jahrtausend vernachlässigen und die Codierung suchen für die erste zweistellige Zahl – gebildet aus der zweiten und dritten Ziffer – und die zweite zweistellige Zahl – gebildet aus der dritten und vierten Ziffer. Anschließend sucht man sich aus der kurzen Textinformation ein Schlüsselwort heraus und bastelt aus den drei Merkwörtern eine kleine Geschichte.

Beispiel:

1540 – Erste Eisdiele am Südpol

Am **Südpol** spielt jemand eine **Leier (54)** und wird mit **Reis (40)** beworfen.

Die Methode, die ich bevorzuge, funktioniert ein wenig anders: Auch hier wird die Eins nicht memoriert, und die 2000er Zahlen werden ausgelassen. Für die zweite Ziffer habe ich Personen festgelegt, insgesamt zehn Freunde für die Ziffern 0 bis 9, zugeordnet jeweils nach dem Anfangsbuchstaben ihres Namens entsprechend dem Zifferncode. Bei der Zahl sechs habe ich eine kleine Veränderung vorgenommen: Da ich niemanden kenne, dessen Name mit Sch oder Ch beginnt, habe ich stattdessen den Buchstaben S gewählt. Man kann durchaus die Buchstaben variieren, solange man es sich gut merken kann. Die zweistellige Zahl, die sich aus der dritten und vierten Ziffer ergibt, wandle ich wieder ganz normal in ein Bild aus dem Mastersystem um und wähle ein Schlüsselwort aus dem Ereignis.

Wenn ich versuche, mir ein Datum einzuprägen, erscheint vor meinem inneren Auge also zuerst eine Person. Diese Person hält das Bild der zweistelligen Zahl (dritte und vierte Ziffer) in der Hand oder macht etwas damit. Das «historische Ereignis» bildet in meiner Geschichte oft den Hintergrund – oder es gibt dazu ein weiteres, aus einem Schlüsselwort abgeleitetes Bild, mit dem die Person etwas macht. Da ich nicht nur Bilder, sondern auch eine handelnde Person habe, sind meine Geschichten lebendiger und einprägsamer.

Beispiel:

1322 – Brandstiftung in einer Schule

Meine Freundin **Mirjam (3)** verkleidet sich als **Nonne (22)** und zündet eine **Schule** an.

Denken Sie sich für jede Zahl eine Person aus. Das können Freunde und Bekannte sein, aber auch berühmte Persönlichkeiten.

0 = s, ß, z		5 = l	
1 = t, d		6 = sch, ch, (s)	
2 = n		7 = k	
3 = m		8 = f, v, w	
4 = r		9 = p, b	

Testen Sie anhand folgender Daten, welche Methode Ihnen mehr liegt beziehungsweise besser gefällt:

Zwei-Bilder-Methode:

1516 Urdrache entdeckt

1003 Unterwassergeburt von Fünflingen

1985 Entdeckung von Hispaniola

Behalten Sie diese drei Daten im Gedächtnis und probieren Sie gleich die zweite Methode aus.

Personen-System:

1202 Künstliche Tomaten hergestellt

1569 Knuspermüsli verhilft Weitspringern zum Sieg

1001 Unfall durch Schweine auf der Autobahn

Wiedergabe:

_____ Knuspermüsli verhilft Weitspringern zum Sieg

_____ Urdrache entdeckt

_____ Entdeckung von Hispaniola

_____ Unfall durch Schweine auf der Autobahn

_____ Unterwassergeburt von Fünflingen

_____ Künstliche Tomaten hergestellt

Wozu das Gedächtnis trainieren?

Nach der ersten Meisterschaft ließ sich das Bekanntwerden meines Hobbys nicht mehr vermeiden. Ich wurde mit Fragen geradezu überschüttet. Fragen manchmal voller Unkenntnis und auch Unverständnis, aber auch solche, die echtes Interesse zeigten. Die waren natürlich deutlich angenehmer als die erste Kategorie.

Es folgte eine Zeit, in der ich immer wieder erklären musste, was überhaupt Gedächtnissport ist, weshalb ich ihn betreibe, wie und wann ich darauf gekommen bin und warum ich das eigentlich kann. Vor allem die Frage «Macht dir das Spaß?» brachte und bringt mich immer wieder zum Lachen, da manche Leute anscheinend denken, ich werde dazu gezwungen. Und oft schon musste ich erklären, dass ich nicht etwa mit einem «Super-Hirn» zur Welt gekommen bin, sondern dass Gedächtnissport nur mit Techniken funktioniert, die man lernen muss und die auch jeder lernen kann. Die Frage, warum man sein Gedächtnis trainieren sollte, möchte ich hier ausführlich beantworten, weil es so viele gute Gründe gibt, die zum Teil noch weit über die reine Kopffitness hinausreichen.

Erfolgserlebnisse

Die Erfolgserlebnisse, die einem zumindest anfangs beim Gedächtnissport garantiert sind, können zu mehr Selbstvertrauen und Selbstachtung führen. Als ich mich in den Techniken noch übte und konsequent versuchte, meine Ergebnisse nach oben zu «pushen», war ich immer wieder begeistert, ja glücklich über die Fortschritte, die ich machte. Ich kann mich noch genau erinnern, was für ein geradezu euphorisches Gefühl es war festzustellen, dass ich mir plötzlich die doppelte Menge an Informationen im Vergleich zum Tag zuvor merken konnte. Es war, als hätte ich erst in diesem Moment herausgefunden, dass ich überhaupt ein Gedächtnis habe.

Phantasie und Kreativität

Die Anwendung der Gedächtnistechniken hält automatisch die eigene Phantasie und Kreativität in Schwung. Innere Bilder zu erzeugen, Geschichten zu entwerfen, Verknüpfungen zwischen verschiedensten Informationen herzustellen, ohne sich an die strengen Regeln der Vernunft und Logik zu halten, erfordert viel gedankliche Flexibilität und vor allem den Mut zur Phantasie und Verrücktheit. Lässt man seiner Phantasie immer wieder bewusst freien Lauf und seiner Kreativität unbegrenzt Raum, bringt dies einerseits die so wichtige Entspannung vom alltäglichen Pflichtprogramm. Es fördert aber gleichzeitig die Souveränität im Umgang mit Aufgabenstellungen jeglicher Art. Übt man sich darin, abstrakte Informationen zu visualisieren, sie in Form von kleinen Geschichten miteinander zu verbinden und darüber in neue Zusammenhänge zu bringen, befindet man sich mitten im kreativen Lösen von Problemen und Aufgaben, eine Fähigkeit, die gerade heute gefragt ist – nicht nur im Gedächtnissport.

Spaß

Ohne Phantasie und Kreativität kein Spaß, ohne Spaß kein Gedächtnistraining. Auf diese knappe Formel könnte man meine Motivation und sicherlich auch die aller anderen Gedächtnissportler bringen. Wenn hinter hunderten von Nullen und Einsen plötzlich lebhafte Geschichten zum Vorschein kommen, wenn ganze Listen von Wörtern gedanklich verbunden werden mit einer Urlaubsroute, an die man sich gerne erinnert, dann hat das nichts mit Mühsal und Anstrengung zu tun, sondern ist hauptsächlich Vergnügen. Nein, wir Gedächtnissportler sind keine Freaks, die stundenlang im Keller sitzen und sich verzweifelt Hunderte von Zahlen oder Wortreihen einprägen, wir sind Menschen, die etwas aus ihrer Phantasie machen. Mehr als einmal schon musste ich während einer Meisterschaftsdisziplin lachen, weil das Bild, das ich mir ausgedacht hatte, so komisch war. Je mehr Kreativität, desto mehr Spaß, und desto besser arbeitet unser Gedächtnis.

Prüfungsstress und Zeitgefühl

Angst vor Prüfungen? Das kommt bei mir eher selten vor, da ich Situationen dieser Art gewohnt bin. Durch das konzentrierte Training mit Stoppuhr werden Anforderungen unter Zeitdruck zur normalsten Sache der Welt.

Ich weiß aber auch noch, wie es sich angefühlt hat, als ich das erste Mal Merken mit Zeitbegrenzung ausprobierte. Ich saß an meinem Computer und wollte mir Zahlen einprägen, konnte aber stattdessen zwei Minuten lang auf nichts anderes als die Uhr auf dem Bildschirm starren, deren Sekundenzeiger mich fast wahnsinnig machte. Ich sah nur noch die Zeit Sekunde für Sekunde ablaufen, war völlig blockiert und konnte keinen klaren Gedanken mehr fassen. Enttäuscht brach ich den Versuch dann ab.

Inzwischen habe ich mich durch die Meisterschaften und durch eigenes Training an den Zeitdruck gewöhnt und gelernt, souverän damit umzugehen. In dem Maß, wie sich mein Zeitgefühl dadurch verbessert hat, hat sich meine Nervosität verringert. Wenn zum Beispiel bei einer Prüfung die letzten fünf Minuten angesagt werden, gehören Gedächtnissportler wohl zu den wenigen, die ganz ruhig bleiben, da sie wissen, dass in dieser Zeitspanne noch ziemlich viel möglich ist. Wenn man sich nicht aus der Ruhe bringen lässt, kann man seine Chancen auch bis zuletzt nutzen. Ich erinnere mich an eine mündliche Französischprüfung, bei der für ein Thema zehn Minuten als Vorbereitungszeit gegeben waren. Während die meisten um mich herum vor Aufregung flatterten, arbeitete ich mit Ruhe und Sorgfalt und konnte die kurze Zeit gut nutzen. Man kann sein Gehirn auf solche «Extremsituationen» vorbereiten.

Schule und Studium

Wo sind Merktechniken besser anzuwenden als in Schule und Studium, wo es so häufig darum geht, sich Lernstoff einzuverleiben, sprich zu pauken? Um sich die berühmt-berüchtigte Büffelei und das stupide Auswendiglernen zu ersparen, ist die Aneignung von Gedächtnistechniken sehr zu empfehlen. Sie helfen, den scheinbar oft erdrückenden Berg an Informationen besser zu bezwingen, ein vorgegebenes Lernpensum zeit- und energiesparend zu bewältigen und es dauerhafter abzuspeichern. Überall dort, wo es um reine Wissensaneignung geht – Vokabeln, Formeln, Daten usw. lernen –, kann man sich die verschiedenen hier vorgestellten Merkstrategien zunutze machen. Überall dort, wo es um das Erfassen und Bearbeiten komplexer Zusammenhänge geht, wird man allerdings weiterhin auf andere Fertigkeiten und Methoden zurückgreifen müssen. Ansonsten aber sollte für alle längst die Maxime gelten: Vergesst das ewige Büffeln; zeitsparendes und angenehmes Lernen ist angesagt!

Konzentration

Die Steigerung der Konzentrationsfähigkeit ist einer der wichtigsten Gründe, warum ich jedem empfehlen würde, sein Gedächtnis zu trainieren. Ich kenne kaum eine andere Tätigkeit, bei der mehr Konzentration erforderlich ist als beim Einprägen von Informationen. Und Konzentration benötigt jeder, sie ist für praktisch jeden Lebensbereich von Bedeutung. Denn ohne Konzentration ist keine Leistung möglich, zumindest keine gute. Je besser, das heißt vor allem, je ausdauernder Sie sich konzentrieren können, desto besser sind Ihre Aufnahmefähigkeit und die Qualität Ihrer Leistungen – ob körperlicher oder geistiger Art. Schulen sie also mit Gedächtnistechniken Ihre Konzentrations- und Aufnahmefähigkeit.

Deutsche Meisterschaft 2007

Kaum hatte ich die eher gemischten Eindrücke meiner ersten Meisterschaft verarbeitet, fand auch schon der nächste Wettkampf statt: die Deutsche Gedächtnismeisterschaft in Tuttlingen. Hier konnte ich endlich mein großes Vorbild kennenlernen: Katharina Bunk, die in den letzten zwei Jahren bei den Junioren gewonnen hatte. Ich war froh, wenigstens auf ein paar bekannte Gesichter von der Süddeutschen Meisterschaft zu treffen, denn vieles war wieder neu und aufregend: Bei den regionalen Meisterschaften gibt es sieben Disziplinen, die an einem Tag durchgeführt werden, bei nationalen Meisterschaften sind es zehn, die auf zwei Tage verteilt werden. Das war wohl mein endgültiger Einstieg in die Welt des Gedächtnissports. Ich lernte viele deutsche Gedächtnissportler und drei neue Disziplinen kennen und konnte das erste Mal die richtige Wettkampfstimmung miterleben. Während dieser zwei Tage gab es auch wie immer Vorträge und Seminare für die Eltern von Teilnehmern – die Gelegenheit für meine Eltern, sich in das, womit ich mich die ganze Zeit beschäftige, von «neutraler» Seite einweihen zu lassen. Ich schlug mich gut und war am Abend des ersten Tages sogar auf dem dritten Platz, eine gute Position, die ich am nächsten Tag natürlich unbedingt verteidigen wollte. Ich erzielte auch in den restlichen Disziplinen gute Ergebnisse, und als der Wettbewerb endete, war ich immer noch auf dem dritten Platz. Allerdings stellte sich am Ende noch heraus, dass bei der Disziplin «Vokabeln» nach einer nicht mehr aktuellen Regel gewertet worden war. Die dadurch erforderliche Neuwertung ließ mich im Endergebnis auf Platz vier zurückfallen. Aus Enttäuschung über die nachträgliche schlechtere Platzierung wollte ich fürs Erste von «Vokabeln» nichts mehr hören.

Die Disziplin «Vokabeln»

krauuf	Antrag
fukraka	Wein
oupnie	Musik
ervobe	Schwein
klaiezschrei	Gift
madreu	Hai
deupie	Behausung
augpokli	Mörder
lupno	Sofa
iezon	Hof
reischausteu	Schritte
plepove	Girlande

«Vokabeln» ist eine Disziplin, die es nur bei den Junioren und Kindern gibt. Wie bei den «Historischen Daten» geht es nicht um die Reihenfolge der Angaben, und es wird auch hierbei mit rein fiktiven Informationen gearbeitet. Das heißt, es sind keine englischen, französischen oder spanischen Vokabeln, sondern sie entstammen einer Phantasiesprache. Sprachkenntnisse, und seien sie noch so hervorragend, verschaffen also keinen Vorteil. Schließlich geht es darum, das Gedächtnis zu testen, und nicht darum, Kenntnisse abzufragen. Auch in dieser Disziplin müssen zwei zusammengehörende Informationen – Vokabel und Übersetzung – verknüpft werden. Dafür braucht man die Schlüsselwortmethode.

Die Schlüsselwortmethode

Im Gegensatz zum Mastersystem gehört die Schlüsselwortmethode zu den eher einfachen Gedächtnistechniken. Auch sie folgt dem Prinzip, Altes mit Neuem zu verbinden, und eignet sich wunderbar, um Vokabeln (auch echte!), Namen und Fremdwörter zu lernen. Wie der Name der Methode schon sagt, sucht man für eine neu zu lernende Vokabel ein Schlüsselwort, ein bekanntes und ähnlich klingendes Wort aus der Muttersprache oder einer anderen Sprache. Dann verknüpft man das Schlüsselwort (oder mehrere Schlüsselwörter) mit der Übersetzung der Vokabel zu einem Merksatz.

Beispiele:
hambre (span.) – Hunger
Sie haben solch großen Hunger, dass Sie einen **Ham**burger mit **Re**hfleisch essen.

table (engl.) – Tisch
Sie bringen ein **Table**tt zum Tisch.

fils (frz.) – Sohn
Sie markieren Ihren Sohn mit einem **Fils**(z)stift.

Für den keineswegs seltenen Fall, dass keine wirklich passende Assoziation zu finden ist, gibt es die Möglichkeit, nur eine Silbe der Vokabel in ein bekanntes Wort zu verwandeln oder auf ein bekanntes Wort zurückzugreifen, das nur ganz entfernt so klingt wie die Vokabel. Es geht ja nur darum, sich eine kleine Erinnerungsstütze zu verschaffen. Mitunter bieten sich auch Reimwörter an:

mice (engl.) – Mäuse
Die Mäuse essen Mais (mice).

maison (frz.) – Haus

potato (engl.) – Kartoffel

mes (span.) – Monat

freiner (frz.) – bremsen

tarea (span.) – Arbeit

Lösungsvorschläge:
maison – Haus
Im **Mai** scheint die **Son**ne auf mein Haus.

potato – Kartoffel
Auf meinem **Po** habe ich ein **Tattoo** von einer Kartoffel.

mes – Monat
Jeden Monat gehe ich einmal zur **Mes**se.

freiner – bremsen
Obwohl die Straße **frei** ist, werde ich **ner**vös und bremse.

tarea – Arbeit
Jeden **Tag** arbeite ich für meinen **Rea**lschulabschluss.

Da bei Meisterschaften lediglich die Wiedergabe der richtigen Übersetzung verlangt wird, muss man nicht zwingend alle Silben der unbekannten Vokabel in einem Merksatz unterbringen. Es genügt schon, wenn man eine Silbe des Wortes so phantasievoll verknüpft, dass es daraus wieder erschließbar ist.

MEIN NEUES LEBEN

Die Meisterschaft 2007 hatte nicht nur eine besondere Bedeutung für mich, weil es meine erste nationale Meisterschaft war und ich nun offiziell zu den Gedächtnissportlern gehörte, sondern weil sie eine Entscheidung nach sich zog, die mein Leben völlig verändert hat. Katharina Bunk, die zum dritten Mal in Folge gewonnen hatte, erzählte mir in Tuttlingen von dem Internat Schloss Torgelow bei Waren an der Müritz, das sie besuchte. Dort gehört Gedächtnistraining – neben vielen anderen spannenden Projekten – zum schulischen Zusatzangebot. Auch die Gedächtnissportlerin Christiane Stenger, die mehrmals Jugendweltmeisterin wurde, hat in Torgelow ihr Abitur gemacht. Ich war begeistert: Das Internat musste ich unbedingt kennenlernen. Innerhalb von zwei Wochen hatte ich einen Termin zum Vorstellungsgespräch, danach stand mein Entschluss fest: diese Schule und keine andere. Da gerade Sommerferien waren und ein neues Schuljahr vor der Tür stand, war der Schulwechsel praktisch sofort möglich. Mir fiel ein, wie wir am letzten Schultag einen Klassenkameraden, der die Schule wechseln wollte, verabschiedet hatten. Zu dem Zeitpunkt fand ich es noch unvorstellbar, kurzerhand alles zurückzulassen, die Schule und, vor allem natürlich, die Freunde. Und nun, keine zwei Wochen später, hatte ich mich genau dazu entschieden.

Dass ich wegen des Wechsels die geplante Italienreise nicht machen konnte, weil in Mecklenburg-Vorpommern

dann das Schuljahr schon wieder anfing, war verschmerz-
bar. Das wirklich Schwierige für mich an dieser schnellen
Entscheidung war, dass ich mich von so vielen Menschen
nicht verabschieden konnte. Die meisten waren im Urlaub und bekamen erst am ersten Schultag mit, dass ich
nicht mehr zurückkommen würde. Ich konnte ihnen nie
erklären, warum ich so plötzlich verschwunden war. Viele hatten wohl das Wort Gedächtnissport aufgeschnappt,
konnten aber wenig damit anfangen. Damals war mir
nicht bewusst, wie viel ich hinter mir gelassen und aufs
Spiel gesetzt hatte. Vielleicht war es mir in diesem Moment auch nicht wichtig.

Zum Glück hatte ich in der ersten Zeit nach dem Wechsel kaum Gelegenheit, über mein «altes Leben» nachzu-
denken. Da knapp 1000 Kilometer zwischen Schule und
meinem Zuhause liegen, bin ich die ersten fünf Wochen
des neuen Schuljahres, das für mich das neunte war,
durchgängig im Internat geblieben. Die Eingewöhnung
war eine schwierige Phase, aber ich bin froh, dass ich sie
gemeistert habe.

Eine positive Veränderung brachte diese Schule allerdings von Anfang an: Endlich musste ich mich mit
dem Gedächtnissport nicht mehr verstecken. Christiane
Stenger und Katharina Bunk, die bereits für ihr außergewöhnliches Talent bekannt war, waren «nur» die er-
folgreichsten unter den Schülern und Schülerinnen, die
sich für das hier angebotene Gedächtnistraining interessierten. Dieses wird von dem Kaufmännischen Leiter der
Schule, Steffen Bütow, geleitet, der früher selbst sehr erfolgreich an Meisterschaften teilgenommen hat und nun
auch mein Trainer war. Damit verbesserten sich meine
Trainingsbedingungen natürlich enorm. Ich musste nicht
mehr alleine am Computer üben und bekam alle nötigen
Materialien. Wie alle anderen hatte ich jetzt endlich je-

manden, der sich mit dem Gedächtnissport auskennt und mir viele wertvolle Tipps geben konnte. Dass mich meine Mitschüler nicht mehr erstaunt anschauten, sondern mich teilweise sogar bewunderten und mehr vom Gedächtnissport wissen wollten, war ein ausgesprochen gutes Gefühl.

Schnelllesen

Von den Vorträgen und Seminaren während der deutschen Meisterschaft hatten meine Eltern Materialien zum «Speed Reading» für mich mitgebracht. Als die Unterlagen mir einige Zeit später wieder in die Hände fielen, machte ich einige Übungen daraus.

Sicherlich kennen Sie das Problem: Sie müssen extrem viel lesen, haben wenig Zeit und stellen dann auch noch fest, dass es Ihnen schwerfällt, die vielen Informationen wirklich aufzunehmen und zu behalten, und dass Sie beim Lesen schnell ermüden. Damit sind Sie keineswegs allein. Ein durchschnittlicher Leser liest etwa 200 bis maximal 300 Wörter pro Minute (WpM), vorausgesetzt, der Lesestoff erweist sich als nicht übermäßig kompliziert. Diese relativ geringe Lesegeschwindigkeit hat – wie man mit Untersuchungen zeigen konnte – tatsächlich objektive Nachteile, die bei schnellerem oder gar schnellem Lesen so nicht auftreten:

- **Subvokalisieren** (unterschwelliges Mitsprechen/Mithören)
  Durch das innere Mitsprechen wird das Lesetempo dem Sprechtempo angepasst und unnötig gebremst. Da

man schneller denken als reden kann, sollte man sich das Subvokalisieren zumindest teilweise abgewöhnen, um die Lesegeschwindigkeit zu steigern.

- **Regression** (Zurückspringen im Text)
  Das aufgrund mangelnder Konzentration oftmals nötige Zurückspringen im Text ist nicht etwa ein Zeichen der Überforderung, sondern der Unterforderung unseres Gehirns. Mit einem schnelleren Lesetempo kann man dies verhindern und somit die Lesequalität steigern.

- **Enger Blickfokus**
  Lesen zu lernen bedeutet, jedes Wort einzeln zu entschlüsseln und aufzunehmen. Dabei können unsere Augen, zumal die des Erwachsenen, viel mehr! Wissen und Erfahrung machen es möglich, größere Mengen an Lesestoff mit einem Blick zu erfassen und so den Leserhythmus zu beschleunigen.[4]

Es gibt heutzutage zahllose Trainer und Seminaranbieter, die versprechen, dass man mit Hilfe spezieller Techniken seine Lesegeschwindigkeit auf das Doppelte oder Dreifache steigern und dann wirklich effizient lesen kann. Hintergrund ist die längst erbrachte Erkenntnis, dass das Auge Textmengen mit sehr hoher Geschwindigkeit aufnehmen und das Gehirn die Information bei höherem Lesetempo sogar deutlich besser verarbeiten kann. Schnelles Lesen bedeutet also schnelles Aufnehmen von großen Textmengen fast ohne Verständnisverlust. Die Wörter werden beim Lesen nicht Buchstabe für Buchstabe, sondern über deren Wiedererkennung als Ganzes erfasst. Es gilt also auch hier wieder der Grundsatz, dass Neues mit Hilfe von Altem, Bekanntem aufgenommen wird. Wörter beziehungsweise auch ganze Wortgruppen sind in ihrer Bedeutung als Bilder im Gedächtnis abgespeichert und werden beim Lesen nur abgerufen.

Ausgehend von diesem «Wiedererkennungssprinzip» wurden Techniken entwickelt, mit denen man schnelles und effektives Lesen bewusst trainieren kann.

Tipps zum Schnelllesen

- Statt Wort für Wort zu lesen, den Text nach Sinnzusammenhängen aufnehmen.
- Wiederholtes Zurückspringen vermeiden, stattdessen versuchen, im Lesefluss zu bleiben.
- Subvokalisieren beziehungsweise inneres «Mithören» möglichst unterlassen und dem «weiten Blick» folgen.
- Das Leseverhalten im Hinblick auf Geschwindigkeit und Technik variieren.[5]

Um konzentriert lesen zu können, sollten Sie:
- sich für den Text interessieren und motiviert herangehen,
- aus langweiligen Texten durch besondere Lesegeschwindigkeit eine Herausforderung machen,
- regelmäßige Pausen einlegen,
- eine angenehme, aufrechte Sitzhaltung einnehmen und den Text im rechten Winkel zum Auge halten.[6]

Wissenschaftlich belegt ist, dass die meisten Menschen ihre Lesegeschwindigkeit durch Training verdoppeln bis verdreifachen, das heißt für den Durchschnitt, sich auf 400 bis 800 Wörter pro Minute steigern können. Sehr schnelle Leser bringen es auf 1000 WpM. Leistungen, die über diesem Niveau liegen, erfordern jahrelanges Training. Bei den Weltmeisterschaften liegen die Bestergebnisse zwischen 2000 und maximal 4000 Wörtern pro Minute.

Tigerenten Club und
Norddeutsche Meisterschaft

Ein halbes Jahr nach der Deutschen Meisterschaft meldete sich bei uns zu Hause die Redaktion des Tigerenten Clubs und lud mich ein zu einer Sendung, in der es um das menschliche Gedächtnis gehen sollte. Ich war total aus dem Häuschen. Bisher hatte ich keinen Gedanken daran verschwendet, dass die Medien mich und meine Beschäftigung interessant finden könnten. Außerdem hatte ich ja nur den vierten Platz bei der Meisterschaft erreicht – es gab also noch ein paar bessere Gedächtnissportler. Egal, ich war eingeladen und fühlte mich auch ein wenig geschmeichelt. Da ich zu dieser Zeit über ein Auslandsprogramm meiner Schule gerade ein Internat in England besuchte, musste ich eigens für die Sendung eingeflogen werden. Meine englischen Mitschüler hielten mich schon für einen TV-Star. In der Sendung sollten mir 15 Kinder nacheinander eine zweistellige Zahl zurufen, die ich mir einprägen musste. Und ich musste mir in wenigen Sekunden 30 Nullen und Einsen merken und dann wiedergeben. Beide Übungen waren im Prinzip ein Kinderspiel für mich, aber leider nicht vor laufender Kamera. Die Generalprobe hatte ich völlig verhauen, und in der Sendung selbst war ich zumindest zu Beginn ziemlich aufgeregt. Zu guter Letzt aber hat mich mein Gedächtnis doch nicht im Stich gelassen, und alles lief gut.

Da ich inzwischen in Norddeutschland lebte, konnte ich im Jahr 2008 auch das erste Mal bei der Norddeutschen Meisterschaft antreten. Ich fuhr zusammen mit einem anderen Gedächtnissportler von meiner Schule aus nach Niebüll in der Nähe der dänischen Grenze, um erneut mein Gedächtnis unter Beweis zu stellen. Da die drei Besten der deutschen Meisterschaft inzwischen die Altersgrenze für Juniorenwettbewerbe überschritten hatten, war mein Ziel klar: Ich wollte gewinnen. Doch so einfach ging das nicht. In manchen Disziplinen schnitt ich sehr gut ab, in anderen hatte ich einen regelrechten Durchhänger. Am Ende jedoch hatte ich immerhin meinen ersten Titel in der Tasche – und einen wunderschönen Pokal. Besonders in der Disziplin Text erzielte ich ein sehr gutes Ergebnis.

Die Disziplin «Text»

Blauauge
Karin Reddemann

Ich kannte einen Mann mit großen blauen Puppenaugen.
Das ist nicht ungewöhnlich,
aber ich schätze grundsätzlich den finsteren,
geheimnisvollen Blick. Meiner ist fast
schwarz und schwer zu interpretieren.
«Typisch sizilianisch»,
sagte er, und ich vergaß,
ihn irgendetwas zu fragen,
vertrieb das mir fremde Blau aus meinem Glauben
und versank in seinem Augenzwinkern,
das wie eine Welle war.
Salzig, stürmisch und herrlich erfrischend.
Manchmal hat sie mich auch umgehauen,
sie war gewaltig und konnte schmerzen.
Aber ich stürzte mich hinein,
ohne bereuen zu wollen.

Diese Disziplin wird seit einigen Jahren nur noch bei regionalen und nationalen Wettkämpfen und auch hier nur unter Jugendlichen und Kindern ausgetragen – was ich persönlich sehr schade finde, da speziell sie zu den Disziplinen gehört, die sich Außenstehenden sehr gut vermitteln lässt und im Übrigen als Übung auch für den Alltag sehr nützlich sein kann, und zwar nicht nur während der Schulzeit.

Im Wettkampf geht es allerdings nicht nur darum, sich einen Text oder ein Gedicht einzuprägen, sondern auch alle darin enthaltenen Satzzeichen sowie die Zeilenumbrüche. Also jedes Komma, jeder Punkt, jedes Semikolon muss memoriert werden – und das ist noch die geringere Herausforderung. Wirklich schwierig wird es bei den Zeilenumbrüchen, die sich oft mitten im Satz befinden und also keinen inhaltlichen «Umbruch» spiegeln.

Eine eigentliche Technik für diese Disziplin gibt es nicht. Ich selbst merke mir Texte abschnittweise, indem ich sie mehrfach durchlese und auswendig lerne. Ein Gedächtnissportler hatte die verrückte Idee, jedes einzelne Wort an einen Routenpunkt zu hängen. Wie er dabei mit sich wiederholenden Wörtern wie «und» oder «dann» verfuhr, weiß ich nicht. Wahrscheinlich hatte er dafür ein ganz spezielles System. Eine Alternative dazu ist, sich jede Zeile, das heißt den Bedeutungsgehalt der Zeile oder ein Schlüsselwort dafür, mit einem Routenpunkt zu verknüpfen. Das mindert gleichzeitig die Gefahr, Zeilen in der Abfolge zu vertauschen. Man kann aber auch den Text so einteilen, dass jeweils ein bestimmter Sinnzusammenhang auf einen Routenpunkt gelegt wird.

Der Grund, weshalb «Text» als Disziplin bei internationalen Meisterschaften für Erwachsene abgeschafft wurde, liegt daran, dass kaum objektiv gleiche Voraussetzungen für die Teilnehmer hergestellt werden konnten. Einmal in formaler Hinsicht: Englische Texte zum Beispiel sind durch die Kleinschreibung leichter zu merken als deutsche, bei denen zusätzlich auf die Groß- und Kleinschreibung zu achten ist. Doch vor allem was die Inhalte der Texte anbelangt, ist es extrem schwierig, so etwas wie einen eindeutig messbaren und damit immer vergleichbaren Schwierigkeitsgrad zu finden.

Deshalb wurde die Disziplin «Text» ersetzt durch die Disziplin «Abstrakte Bilder», auf die ich später noch eingehen werde.

Gedächtnistechniken im Alltag

Als ich kurz nach der Norddeutschen Meisterschaft vollkommen überraschend einen Sozialkunde-Test schreiben musste, fiel mir das erste Mal bewusst auf, wie gut die Merktechniken im Alltag anzuwenden sind. Normalerweise war und bin ich immer gut auf Tests und Klausuren vorbereitet, aber dieser eine Termin war irgendwie an mir vorbeigegangen. Erst vor dem Klassenraum bekam ich mit, dass in dem Fach Sozialkunde eine «schriftliche Leistungskontrolle» anstand, was mich im ersten Moment einigermaßen erschrecken ließ. Ich hatte gerade noch zwei Minuten Zeit, um mir die vier Seiten Stoff, um die es gehen sollte, einzuprägen. Dafür benutzte ich meine Lieblingsroute, die ich am sichersten beherrschte. Ich stellte mir also alle Stichpunkte bildlich vor und verknüpfte sie mit jeweils einem Routenpunkt. Noch während wir den Klassenraum betraten und auf unsere Plätze gingen, war ich intensiv damit beschäftigt, die Informationen auf Routenpunkte zu verteilen, und in dem Moment, als die letzte Information an einem Routenpunkt verankert war, ging der Test auch schon los. Die mehr als knappe Vorbereitungszeit hatte, wie ich dann feststellte, gereicht, um jede einzelne Information für den Test wieder abrufen zu können, und ich erreichte eine glatte Eins. Als ich die Zensur sah, dachte ich spontan, dass diese Technik in der Schule eigentlich verboten werden müsste. Andererseits: Warum sollte man vorhandenes Potenzial verschenken?

Erst mit der Zeit habe ich festgestellt, in wie vielen Bereichen meines täglichen Lebens ich die Gedächtnistechniken hilfreich einsetzen kann. Inzwischen kann ich sagen, dass die Anwendungsmöglichkeiten nahezu unbegrenzt sind – vorausgesetzt, man beherrscht die Grundprinzipien der Merksysteme.

Gute Schulnoten leicht gemacht

Wie an meinem kleinen Sozialkunde-Erlebnis gesehen, eignen sich die Gedächtnistechniken für die Schule ganz ausgezeichnet. Durch mein intensives Training ist es mir meist gar nicht mehr bewusst, wenn ich auch beim Lernen für den Unterricht bestimmte Techniken anwende. Eindeutig sagen kann ich nur, dass ich stundenlanges «Büffeln» und «Einpauken» von Lernstoff nicht kenne. Und mit Hilfe von Merktechniken zu lernen geht nicht nur schneller und besser – es macht auch deutlich mehr Spaß.

Dies erweist sich als ein ganz großes Plus, speziell wenn es um das Lernen von Vokabeln geht. Mit der Schlüsselwortmethode sind nämlich auch größere Vokabelmengen relativ einfach und schnell zu bewältigen – gerade von lernschwachen Schülern. Und mit Hilfe der Technik der Visualisierung und Verknüpfung können historische

Daten für eine Geschichtsklausur gut im Gedächtnis verankert werden. Aus Namen von Städten, Ländern, Flüssen und Gebirgen kann man wunderbare Geschichten machen, sodass sie sich ebenso gut merken lassen. Namen wie «Rothaargebirge» und «Schwarzwald» drängen das Bild förmlich auf. Den Neckar kann man sich als Nektar vorstellen, die Donau wird zur Donau-Welle, das Erzgebirge zum Erzfeind usw. Mit ein wenig Phantasie werden die Assoziationen nur so sprudeln.

Selbst mathematische Formeln lassen sich zu einprägsamen Geschichten umformen, wie diese Beispiele zeigen:

Die p-q-Formel (zum Lösen von quadratischen Gleichungen)

$$x_{1/2} = -\frac{p}{2} \pm \sqrt{\left(\frac{p}{2}\right)^2 - q}$$

Patrick läuft rückwärts und ist in zwei Teile geteilt (−p durch 2). Der Boden ist sehr uneben, und deshalb schwankt er immer (±). Er stolpert über eine Wurzel und stürzt (Wurzel). Die Äste des Baumes fallen um ihn herum zu Boden, sodass die zwei Hälften von Patrick eingeklammert sind (p durch 2 in Klammern). Als er nach oben in den Himmel schaut, sieht er zwei Tauben (1. Potenz), die ihm auch noch auf den Kopf scheißen. Da springt er auf und läuft wieder rückwärts (−); das ist allerdings eine Qual (q), da er Schmerzen hat.

Die Stirling'sche Formel (zur Berechnung von Näherungswerten für große Fakultäten)

$$n! \approx \sqrt{2\pi n}\left(\frac{n}{e}\right)^n$$

Natalie ist eine sehr starke Persönlichkeit (n!). Sie geht im Urlaub schwimmen (Wellen), und im Meer schwimmt ihr eine Wurzel entgegen (Wurzel), an der sie sich festhält. In weiter Ferne sieht sie zwei Personen, die auf sie zu schwimmen, Pia und Nina (pi, n), wie sie später erfährt. Natalie denkt (Klammer um den Bruch): Diese Nina scheint ja ganz nett zu sein, aber unterm Strich ist sie echt eklig (n durch e). Natalie denkt, sie sei etwas Besseres, und sieht sich auf einer höheren Position (hoch n).

Effektives Lernen

Es gibt ein paar Dinge, die man beachten sollte, um effektiv zu lernen und sich nicht zu überfordern. An erster Stelle steht die Organisation: Egal, was oder wie viel man lernen muss, wichtig ist, sich einen Überblick über das Material zu verschaffen. Es ist also sinnvoll, den kompletten Lernstoff zunächst gründlich durchzulesen beziehungsweise anzuschauen. Im zweiten Schritt empfiehlt es sich, den Stoff zu unterteilen, beispielsweise in thematische Abschnitte, und sich einen oder zwei Abschnitte pro gewählter Zeiteinheit vorzunehmen. Dabei ist es weniger von Bedeutung, feste Lernzeiten zu haben, als sich klare Ziele zu setzen. Das Lernen beginnt in dem Moment, in dem man weiß, was zu lernen ist, und einschätzen kann, wie viel Zeit dafür benötigt wird. Und von da an gilt es, auf Lernpausen zu achten, denn die Konzentration kann nicht stundenlang aufrechterhalten werden. Für das Gedächtnis ist es optimal, nach 20 bis 30 Minuten Lernen eine Pause von ungefähr fünf Minuten einzulegen. In dieser Zeit sollte man die Lernumgebung verlassen, etwas trinken und frische Luft schnappen, da das die Konzentrationsfähigkeit fördert. Nach eineinhalb oder zwei Stunden in diesem Rhythmus sollte man eine mindestens einstündige Pause machen und sich in dieser Zeit mit etwas ganz anderem beschäftigen. Es gibt Aktivitäten, die besonders geeignet sind, das Abspeichern von Informationen zu unterstützen, wie zum Beispiel Sport oder Musik beziehungsweise jegliche Art von kreativer Beschäftigung. Schlecht dagegen ist es, gleich nach dem Lernen fernzusehen. Die neuen Reize sorgen, wie man inzwischen weiß, dafür, dass alle gerade gelernten Informationen wieder aus dem Gehirn verdrängt werden. Insgesamt sollte man nicht länger als zweimal drei Stunden am Tag lernen, da sonst der Aufwand größer ist als der Erfolg.

Um die Informationen auch langfristig abrufen zu können, möglichst ein Leben lang im Gedächtnis zu speichern, sollte man immer dann bewusst memorieren, wenn man kurz davor ist, den Lernstoff wieder zu vergessen. Das erste Mal kommt man zehn Minuten nach der Lernphase in die Situation, dass man wiederholen muss. Denn wenn man aufhört zu lernen, steigert sich das angeeignete Wissen, da es noch verarbeitet werden muss. Nach 10 bis 15 Minuten erlangt es den Höchstwert, und ab da geht es bergab – man vergisst wieder. Das nächste Mal sollte der Stoff etwa 24 Stunden nach dem Lernen wiederholt werden, danach nach einer Woche. Wenn man dann noch einmal nach einem Monat und nach sechs Monaten wiederholt, sind die Informationen ziemlich gut im Gedächtnis verankert. Wer das Ganze noch perfektionieren will, kann noch einmal nach 12 bis 18 Monaten wiederholen. Beachtet man diesen Rhythmus, ist effektives Lernen garantiert.

Vorträge

Ein Bereich, in dem die Routenmethode überaus hilfreich sein kann, ist das Auswendiglernen von Reden und Vorträgen. Hierin, genauer in der antiken Rhetorik, liegt sogar der Ursprung der Gedächtniskunst. Die frühen griechischen oder römischen Redner – Staatsmänner, Dichter, Philosophen, Rechtsgelehrte – nutzten für ihre hochkultivierte Redekunst die Mittel der Mnemotechnik. Sie wussten bereits, dass die Ausdrucks- und Überzeugungskraft eines Redners unmittelbar von seiner Sprech- und damit Gedächtnisleistung abhängt. Wer also seine Zuhörerschaft und sein Publikum erreichen will, sollte möglichst unabhängig von seinem Manuskript sein, souverän und frei referieren. Mit Hilfe der Routenmethode kann man sein Gedächtnis so trainieren, dass freies Sprechen fast zum Kinderspiel wird. Punkte, die in der Rede vorkommen sollen, verbindet man der Reihe nach mit Routenpunkten, nachdem man sie zuvor codiert, also in Schlüsselwörter gefasst hat. Beim Vortrag geht man die gut memorierte Route dann Schritt für Schritt ab, ein Routenpunkt ergibt sich aus dem anderen. Man konzentriert sich ganz auf seinen mentalen Spaziergang, der über das freie Sprechen für die Zuhörer zum Vortrag wird, ganz ohne Stocken, ohne Ablesen, ohne Vergessen. Selbst wenn Ihr erster und vielleicht auch noch zweiter Versuch des freien Vortrags mit Hilfe der Routenmethode nicht zu Ihrer vollkommenen Zufriedenheit ausfällt, können Sie gewiss sein, dass auch hier regelmäßiges Üben irgendwann zum Erfolg führt.

Ich habe zum Beispiel vor einiger Zeit in einem Seminar über Gedächtnistechniken den Teilnehmern die Routenmethode dadurch erklärt, dass ich sie für die Erläuterung selbst angewendet habe. Ich konnte den Seminarteilnehmern im freien Vortrag Schritt für Schritt die notwendige Information geben und sie damit von der Wirksamkeit der Methode auch sofort überzeugen.

Einkaufszettel und sonstige Listen

Sie kennen wahrscheinlich folgende Situation: Sie stehen im Supermarkt und sind sich sicher, dass Sie irgendetwas vergessen haben, aber es will und will Ihnen nicht mehr einfallen. Oder Sie haben den Einkaufszettel verloren und erinnern sich längst nicht mehr an alles, was Sie sich notiert hatten. Diesem Problem ist abzuhelfen. Gerade die Wörter einer Einkaufsliste lassen sich sehr gut visualisieren und entweder zu einer Geschichte verknüpfen oder mit Hilfe der Körperroute, die sich besonders gut dafür anbietet, einprägen. An Ihren Körper können Sie mindestens 20 Lebensmittel «hängen», und je phantasievoller Ihre Bilder sind, umso zuverlässiger bleiben sie im Kopf. Damit ersparen Sie sich für immer den zweiten oder dritten Gang zum Supermarkt, weil Sie zu Hause feststellen, mal wieder das Wichtigste vergessen zu haben.

Sogar für die Tage, die mit Terminen und Erledigungen so vollgepackt sind, dass Sie das Gefühl haben, das Pensum kaum schaffen zu können, dürfen Sie getrost Ihre Notizen vergessen. Stattdessen «hängen» Sie die einzelnen Verpflichtungen an Routenpunkte, die Sie in Gedanken immer wieder abgehen, um danach «eins nach dem anderen» zu erledigen.

Ob es nun Einkaufslisten oder Listen mit notwendigen Erledigungen sind – sämtliche «Alltagslisten» können Sie mit Hilfe der Routenmethode in Ihrem Gedächtnis halten und komplett «abarbeiten», ohne auch nur ein einziges Blatt Papier zu beschreiben, das im Zweifel irgendwo liegen bleibt und dann auch keine Hilfe mehr ist. Sogar Ihren Terminkalender könnten Sie ersetzen durch ein verlässlich funktionierendes Gedächtnis, das den Vorteil hat, dass man es nirgendwo liegen lassen kann.

Pin-Codes und Handynummern

Um sich endlich Zahlenkombinationen wie Pin-Codes oder Handynummern sicher und auf Dauer merken zu können, sind, wie Sie ja schon wissen, verschiedene Gedächtnistechniken hilfreich: Sie können das Zahl-Symbol-System oder auch das Mastersystem mit der Geschichtenmethode oder mit der Routenmethode verknüpfen. Ich persönlich würde bei einem Pin-Code der Einfachheit halber nur vier Bilder des Zahl-Symbol-Systems für eine Geschichte verwenden. Da es nur vier Bilder gibt, besteht eine geringe Verwechslungsgefahr. Bei Handynummern eignet sich allerdings wegen der Anzahl der Ziffern das Mastersystem besser, um ständige Wiederholungen auszuschließen. Ob Geschichte oder Route, macht hier keinen großen Unterschied.

Übungen

Formen Sie Ihre persönlichen Zahlen in Bilder und Geschichten um.

Ihr Handy Pin-Code: _____

Ihre Geschichte: _____

_____

_____

_____

Ihre Bank-Pin: _____

Ihre Geschichte: _____

_____

_____

_____

Ihre Handynummer: _____

Ihre Geschichte/einzelne Routenpunktverknüpfungen:

_____

_____

_____

_____

Deutsche Meisterschaft 2008

Im Sommer 2008 war es dann wieder so weit: Die Deutsche Gedächtnismeisterschaft wurde ausgetragen, auch diesmal in Tuttlingen. Mittlerweile kannte ich auch die «großen» Gedächtnissportler, die bei den Erwachsenen mitmachten, und fühlte mich etwas sicherer. Die Disziplin «Zahlensprint» war gleich am ersten Tag an der Reihe. In den zur Verfügung stehenden fünf Minuten prägte ich mir 230 Zahlen ein – problemlos. Danach folgte die Wiedergabe – alles andere als problemlos. Ich lief im Kopf meine Routen ab und fand nur gähnende Leere. Beinahe alle Assoziationen waren wie vom Erdboden verschwunden. Mir fiel noch ungefähr ein Drittel der Zahlen ein, ein Schnitt, der bei den strengen Abzugsregeln fatale Folgen hatte. Wieder ärgerte ich mich darüber, dass ich bei einer Meisterschaft nie annähernd meine Trainingsergebnisse erreichte. So geht es allerdings vielen Gedächtnissportlern: Die besondere Situation und die daraus resultierende Aufregung können zu Blackouts und Leichtsinnsfehlern führen, oder die Konzentrationsfähigkeit lässt nach ein paar durchlaufenen Disziplinen zu stark nach.

Beim Einprägen von Zahlen oder anderen Informationen kann es vorkommen, dass man beim Verknüpfen einen Routenpunkt überspringt, ihn also nicht belegt. Merkt man es nicht, auch nicht bei der Wiedergabe, entsteht daraus kein Problem. Fällt einem der während des Einprägens übersprungene Punkt bei der Wiedergabe jedoch wieder ein, kommt es im besten Fall zu einer zeitraubenden Irritation, weil man schnell erkennt, dass man vergessen hat, ihn zu belegen, und ihn dann erneut überspringt. Im schlimmsten Fall aber entscheidet man sich spontan, an der Stelle eine Lücke zu lassen in der Hoffnung, sich doch noch rechtzeitig an die vermeintlich vergessene Verknüpfung zu erinnern. Da sie aber tatsächlich nicht existiert, ist alles, was danach kommt, durch die entstandene Lücke verschoben.

Ein Fehler, der einem auch unterlaufen kann, ist die doppelte Belegung eines Routenpunktes. Es genügt in der Einprägephase eine Ablenkung vom Bruchteil einer Sekunde, und man belegt beim Weitermemorieren einen bereits belegten Routenpunkt ein zweites Mal. Selbst wenn man noch feststellt, dass ein Routenpunkt «übrig» ist, hat man kaum eine Chance zu korrigieren, da die zur Verfügung stehende Zeit zu kurz ist, um neu zu beginnen. Spätestens bei der Wiedergabe wird das innere Chaos dann komplett. Zu jedem Routenpunkt taucht nur ein Bild im Gedächtnis auf, man weiß, dass etwas fehlt, kann jedoch die entsprechende Verknüpfung nicht wiederfinden.

Ärgerlich – wenigstens bei Meisterschaften – ist das spontane «Erfinden» zusätzlicher Routenpunkte. Es kommt vor, dass man beim Einprägen zur benutzten Route unbemerkt einen Punkt hinzufügt, der dann bei der Wiedergabe vor dem inneren Auge nicht mehr auftaucht. Ich habe zum Beispiel in einer Meisterschaftsdisziplin den Stuhl, auf dem ich saß, versehentlich als Routenpunkt hinzugefügt. Die dazugehörige Information fehlte anschließend bei meiner Wiedergabe, da mir der neue Punkt zwischenzeitlich wieder entfallen war.

Das Schlimmste aber, was passieren kann, ist, eine Route komplett zu vergessen. Muss man aufgrund der Menge an Informationen mehrere Routen nacheinander zur Verarbeitung benutzen, kann es vorkommen, dass am Ende der Wiedergabe ein großer Teil der gegebenen Informationen fehlt, weil man aus Versehen eine Route vollständig übersprungen hat.

An diesem ersten Tag der Deutschen Meisterschaft «probierte» ich wohl alle diese Fehler einmal aus, denn auch nach dem verpatzten Zahlensprint lief es nicht besser. Über ganze vier Disziplinen hielt die Blockade an, was eine nicht untypische Reaktion auf Leistungsschwächen ist. Schlechte Ergebnisse verunsichern und erzeugen gleichzeitig Druck nach dem Motto «Jetzt oder nie». Um einen Ausrutscher auszugleichen, versucht man, bei den folgenden Aufgaben umso bessere Leistungen zu bringen, was aufgrund der großen Anspannung, unter die man sich dadurch setzt, meist nicht möglich ist.

Am zweiten Tag der Meisterschaft gelang es mir zum Glück, den Bann zu brechen: Von Anfang an lief alles gut, und ich schaffte es noch, knapp vor meiner härtesten Konkurrentin die Meisterschaft zu gewinnen.

Die Disziplin «Zahlen»

```
0786463814298634627090682457272096327610
1342567047853364429873402456706727802581
2341783754350091537858269812542769870122
4732908576412542764689000983472765547371
1573789765391456377854173758290048015332
5813425670478533644298734024567067278025
8147329085764125427646890009834727655473
3715737897653914563778541737582900480153
8958134256704785336442987340245670672780
2523417837543500915378582698125427698701
```

Bei dieser Disziplin gibt es zum einen den sogenannten
Zahlensprint (engl. «Speed Numbers»), der für alle Altersgruppen fester Bestandteil jeder Meisterschaft ist. Ziel
ist es, sich in fünf Minuten so viele Zahlen wie möglich
einzuprägen. Hier hilft nur die Routenmethode und viel
eiserne Disziplin beim Training und bei der Weiterent-
wicklung von Systemen, denn mit dem natürlichen Gedächtnis ist bei solchen Anforderungen nicht mehr viel
auszurichten. Nicht allzu viele greifen dafür – so wie
ich – auf das Mastersystem mit nur 100 Bildern zurück.

Neben dem Zahlensprint gibt es noch den Zahlenmarathon, der anstrengende 30 Minuten dauert. Man hat
eine halbe Stunde Zeit, sich so viele Zahlen wie möglich
von den Hunderten, die vorgegeben sind, einzuprägen.
Durchhaltevermögen und Konzentrationsfähigkeit sind
hier besonders wichtig, aber auch Wiederholungsdurch-
gänge beim Einprägen. Schon bei zeitlich eng bemessenen
Disziplinen sollte man immer versuchen, die Informationen beim Einprägen wenigstens zweimal durchzugehen,
beim Zahlenmarathon und anderen «längeren» Disziplinen läuft ohne mehrfache Wiederholung gar nichts. Bei
der Weltmeisterschaft ist für den Zahlenmarathon sogar

eine ganze Stunde angesetzt, und die Wiedergabezeit beträgt zwei Stunden, das heißt, es sind volle drei Stunden
höchste Konzentration gefragt. Nach dieser Disziplin ist
selbst der geübteste Gedächtnissportler völlig am Ende.

Als Merktechnik kommt hier das Mastersystem zum
Einsatz, das Sie bereits kennen: Man hat 100 Bilder für
die Zahlen 00 bis 99, die man jeweils mit einem Routenpunkt verbindet. Ich persönlich lege immer zwei Bilder,
also vier Ziffern, auf einem Routenpunkt ab. Diese Idee ist
aus der Not geboren: Kurz vor meiner ersten Weltmeisterschaft brauchte ich fast 1000 neue Routenpunkte, da ich
das erste Mal den einstündigen Zahlen- und Kartenmarathon machen sollte. Trotz wochenlangen Suchens waren
es am Ende zu wenige neue Punkte, um beim Zahlenmarathon jedes Bild auf einem Routenpunkt verankern zu
können. Also musste ich notgedrungen versuchen, immer
zwei Bilder des Mastersystems mit einem Routenpunkt
zu verknüpfen, um Routenpunkte für andere Disziplinen
zu sparen. Obwohl ich es nicht erwartet hatte, klappte es
erstaunlich gut. Ich bemerkte, dass ich auf diese Weise
nicht nur schneller war, sondern auch weniger vergaß.
Seitdem habe ich es nicht mehr anders gemacht. Auch
beim Zahlensprint funktioniert diese Methode viel besser. Allerdings muss man dabei sehr aufpassen, dass man
die Zahlen nicht vertauscht.

Um in größeren Schritten lernen zu können, kann man
nicht nur zwei, sondern – nach dem 1000er-Mastersystem – auch drei Ziffern in ein Bild umwandeln. Gedächtnissportler, die dieses System benutzen, haben also Bilder
für die Zahlen 000 bis 999 zusammengestellt. Das ist ein
gewaltiger Aufwand, und es dauert lange, bis man diese
1000 Begriffe sicher gespeichert hat. Manche Gedächtnissportler haben wohl auch schon einmal über ein 10 000er-
System nachgedacht. Solche Systeme lohnen sich jedoch

nur, wenn man in der Weltrangliste ganz oben mitspielen will.

Die Möglichkeit, mit wenigen Routenpunkten auszukommen und trotzdem viele Zahlen in einer Route unterzubringen, bietet ein System namens PVO, die Abkürzung für Person-Verb-Objekt. Für dieses System muss man für die Zahlen 00 bis 99 dreimal eine 100er-Liste, zusammen also 300 Bilder, auswendig lernen, und zwar jeweils 100 Personen, 100 Verben und 100 Objekte. Jede zweistellige Zahl kann also in drei verschiedene «Bilder» – das einer Person, eines Verbs, eines Objekts – umgewandelt werden. Dadurch schafft man es, je drei zweistellige Zahlen auf nur einem Routenpunkt zu speichern, indem man von einer sechsstelligen Zahl die ersten beiden Ziffern in eine Person, die nächsten beiden in ein Verb und die letzten beiden in ein Objekt umwandelt und diese zu einer phantasievollen Geschichte am Routenpunkt verknüpft. Da man sich die Ziffern immer nach der Regel «Die Person (P) macht (V) etwas mit dem Objekt (O)» einprägt, kann man ihre Reihenfolge bei der Wiedergabe nicht verwechseln.

Sollten Sie in Ihrer jetzigen 100er-Liste hauptsächlich Objekte versammelt haben, können Sie diese als Objektliste benutzen und die Verben- und Personenliste unabhängig vom Ziffercode entsprechend «inhaltlich» anpassen. Wenn beispielsweise Objekt Nummer 58 ein Löwe ist, kann man in der Personenliste für Nummer 58 «Dompteur» und für die entsprechende Stelle in der Verbenliste «dressieren» einsetzen. Durch den inhaltlichen Zusammenhang lassen sich die einzelnen Nummern der Listen einfacher merken.

VON GRIECHENLAND NACH BAHRAIN

Durch den Titel der deutschen Juniorenmeisterin im Gedächtnissport verstärkte sich das Medieninteresse an mir erheblich. Inzwischen fragten nicht mehr nur Zeitungen an, sondern auch das Fernsehen wollte mehr von der Sportart und meiner Erfolgsgeschichte erfahren und schickte Kamerateams zu meiner Schule oder auch zu mir nach Hause. Anfangs war das ein sehr merkwürdiges Gefühl für mich, aber man gewöhnt sich schnell an den «Medienrummel» und den Umgang mit Journalisten. Es werden im Prinzip immer die gleichen Fragen gestellt, für die man nach einer Weile die Antworten parat hat. Ich freute mich darüber, dass ich auf diesem Weg dazu beitragen konnte, den Gedächtnissport bekannter zu machen. Denn noch ist er eine Randsportart, obwohl sich viele Gedächtnissportler schon seit langem für seine Verbreitung einsetzen. Die Techniken sind viel zu hilfreich, um nur von ein paar wenigen Begeisterten genutzt zu werden. Es gibt so viele Menschen, die Probleme mit ihrem Gedächtnis haben, und so viele Methoden, die ihnen helfen können, sie zu beheben.

Zur Geschichte der Mnemotechnik

Zu Beginn der zehnten Klasse musste ich ein Thema für eine Facharbeit suchen, die ich während des Schuljahrs anfertigen sollte. Wir sollten möglichst ein für uns wirklich interessantes Thema wählen, so der Rat der Lehrer, da wir uns lange Zeit intensiv damit beschäftigen müssten. Nach kurzer Überlegung hatte ich eine Idee für ein Thema, das perfekt zu mir passte: die Geschichte der Mnemotechnik. Bis dahin wusste ich eigentlich nur, dass die Gedächtniskunst seit 500 v. Chr. existieren soll, über die Entstehung und über die Bereiche, in denen sie eine Rolle spielte, wusste ich kaum etwas. Eine günstige Gelegenheit also, mehr darüber zu erfahren und die historischen und theoretischen Hintergründe der heutigen Methoden zu erforschen. Mein Thema hieß also «Mnemotechnik – eine Reise in die Welt der Gedächtniskunst». Und diese Reise beginnt im antiken Griechenland.

Beginn und Weiterentwicklung der Gedächtniskunst

Der Begriff «Mnemotechnik» geht ursprünglich zurück auf eine Figur der griechischen Mythologie, die Göttin Mnemosyne. Die Tochter von Uranos und Gaia aus dem Göttergeschlecht der Titanen gilt als «Göttin» der Erinnerung. Aus diesen Namen ist der Begriff «Mnemonik» für Gedächtniskunst abgeleitet worden, für den erst im 19. Jahrhundert das Kunstwort «Mnemotechnik» eingeführt wurde. Die «Erfindung» der Kunst, mittels Merkhilfen die Leistung des Gedächtnisses zu erhöhen und zu verfeinern, wird zurückgeführt auf den Dichter Simonides von Keos in der Zeit 500 v. Chr. Entsprechende Hinweise finden sich unter anderem bei Cicero, der in seinem Buch *De oratore,* einem Dialog über die Redekunst, folgende Begebenheit schildert:

«Denn man erzählt sich, daß Simonides, als er bei Skopas, einem reichen und vornehmen Manne zu Krannon in Thessalien, speiste, ein Lied auf ihn gesungen habe, in dem nach Dichterart zur Ausschmückung Kastor und Pollux ausführlich besungen worden seien. Da habe Skopas in allzu schäbiger Gesinnung zu Simonides gesagt, er werde ihm für dieses Lied die Hälfte dessen geben, was er mit ihm vereinbart hatte; die andere Hälfte solle er gefälligst bei seinen Tyndariden holen, die er ebenso gepriesen habe. Kurz darauf habe man Simonides, so heißt es, ausgerichtet, daß er nach draußen kommen solle; zwei junge Männer stünden an der Türe, die dringend nach ihm riefen. Da sei er aufgestanden und hinausgegangen, habe aber niemanden gesehen. Unterdessen sei der Raum, wo Skopas speiste, eingestürzt. Durch diesen Einsturz sei er selbst mit seinen Angehörigen verschüttet und getötet worden. Als die Verwandten sie bestatten wollten und die Opfer auf keine Weise voneinander unterscheiden konnten, soll Simonides aufgrund der Tatsache, daß er sich daran erinnern konnte, an welcher Stelle der betreffende jeweils gelegen hatte, Hinweise für die Bestattung jedes einzelnen gegeben haben. Durch diesen Vorfall aufmerksam geworden, soll er damals herausgefunden haben, daß es vor allem die Anordnung sei, die zur Erhellung der Erinnerung beitrage.»[7]

Mit dieser Erkenntnis, dass nämlich das Gedächtnis einer bestimmten (An)Ordnung bedarf – hier die Sitzordnung der Gäste –, um «Inhalte» zu erinnern, war der Überlieferung nach der Grundstein gelegt für die Loci-Methode, die genau dieses Ordnungsprinzip aufgreift und eine feste räumliche Struktur bildhaft als Erinnerungsstütze für Gedächtnisinhalte verwendet. Lange Zeit galt die Loci-Methode als Synonym für die Gedächtniskunst, und die Ausführungen zur Mnemonik in den «drei bekannten antiken Quellen», *De oratore* von Cicero, *Institutio oratoria* von Quintilian und *Ad Herennium*, das lange Cicero zugeschrieben wurde, dessen Verfasser aber unbekannt ist, sind im Prinzip auch heute noch gültig. Zur praktischen Anwendung kam die Loci-Methode in der Antike auf dem hochangesehenen Gebiet der Rhetorik. Da das gesprochene Wort in Politik, Rechtsprechung und Wissenschaft von großer Bedeutung war, galt es, seine Wirkung mit allen Mitteln zu verstärken. Nur ein Redner, der frei und direkt zu seinen Zuhörern sprach, galt als guter, als überzeugender Redner. Und was eignete sich besser, sich in der Kunst der freien Rede zu üben, als die Gedächtniskunst, sprich die Loci-Methode?

Im Mittelalter wurde die Mnemonik nicht mehr nur als Bestandteil der Rhetoriklehre angesehen, sondern als Teil der Kardinaltugend «Prudentia» (lat. für Weisheit, Klugheit), die zusammen mit Mäßigkeit, Tapferkeit, Gerechtigkeit, Glaube, Liebe und Hoffnung zu den christlichen Tugenden zählte. Hintergrund dieser Zuordnung war die in der katholischen Lehre verankerte Auffassung, dass man sich an seine Sünden der Vergangenheit erinnern müsse, um aus ihnen zu lernen und zu religiöser Besserung zu finden. Man ging davon aus, dass ein gläubiger Mensch jederzeit in der Lage sein müsse, sich an die Herrlichkeiten des Paradieses und an die ewigen Qualen der Hölle zu erinnern, um der Verführung zur Sünde zu widerstehen. Im 13. Jahrhundert behandelte der Mönch Albertus Magnus diesen Zusammenhang in seiner Schrift *De Bono* (Vom Guten), und auch Thomas von Aquin bezieht sich in seinem Hauptwerk *Summa Theologiae* (Summe der Theologie) auf die Gedächtniskunst als Erinnerung der Sünden.

Zur Abschreckung wurden für die Gläubigen grässliche Bilder zur Götzenanbetung und anderen «Schandtaten» inszeniert, um ihnen das Ausmaß dieser Verfehlungen klarzumachen und in ihr Gedächtnis einzubrennen.

In der frühen Neuzeit bereits erreichte die Mnemonik die Bildungseinrichtungen. Johann Heinrich Alsted (1588–1638), ein reformierter Theologe, Philosoph und Pädagoge, war einer der Ersten, die in der Gedächtniskunst ein geeignetes Instrument zur Wissensanhäufung sahen und sie in ihrem Unterricht einsetzten. Er verfasste enzyklopädische Werke sowohl in der Theologie wie in der Philosophie und war durch seinen Schüler Johann Amos Comenius (1592–1670) auch für die Pädagogik von Einfluss. Der Theologe, Lehrer und Didaktiker Comenius strebte eine Schule und Bildung ganz ohne Zwang und Gewalt an, in der Lernen mittels Mnemonik nach dem Motto «Wahre Schule, frohes Spiel»[8] stattfinden sollte. Durch ihn und andere Zeitgenossen wie Johann Balthasar Schupp (1610–1661), Johann Justus Winckelmann (1620–1699) oder Johannes Buno (1617–1697) entstanden Methoden und Systeme, mit denen man sich eine «unmenschliche» Menge an Informationen einprägen konnte, sodass im 17. Jahrhundert Mnemotechnik wesentlich auf Pädagogik bezogen war. In Form von mnemonischen Geschichten und Bildern ließ Johannes Buno zum Beispiel die lateinische Grammatik in Kupfer stechen, um sie in Klassenräumen auszuhängen, und schrieb 1651 die *Neue Lateinische Grammatica in Fabeln und Bildern ... benebens etlich tausend darinnen enthaltenen Vocabulis ...*[9]

1634 brachte der französische Mathematiker Pierre Hérigone (1580–1643) die Idee auf, mit Hilfe eines Zifferncodes das Zahlenmerken zu vereinfachen, eine Idee – ursprünglich aus Indien kommend –, die 1648 von Justus Winckelmann verbreitet wurde, weswegen man auch vom «Winckelmann'schen Zifferncode» spricht. Doch es sollte noch bis Anfang des 19. Jahrhunderts dauern, bis aus dieser Idee ein funktionierendes System wurde.

Von der Gedächtniskunst zum Gedächtnissport

Nach dieser Phase der pädagogisch verwerteten Gedächtniskunst schien diese in den folgenden Jahrzehnten plötzlich vergessen, fristete maximal ein Schattendasein und wurde dementsprechend nicht weiterentwickelt. Erst mit der Veröffentlichung des Buches *Mnemonik oder die Gedächtniskunst der Alten systematisch bearbeitet* im Jahre 1804 tauchte sie wie aus der Versenkung wieder auf. Der Berliner Pfarrer Christian August Lebrecht Kästner (1776–1832) fasste in diesem Band die drei bekannten antiken Quellen zur Gedächtniskunst zusammen und erweckte mit seinem Versuch, ein neues System aufzubauen, die Mnemotechnik zu neuem Leben. Bereits 1805, gewissermaßen als Antwort auf Kästner, folgte von Johann Christoph von Aretin (1773–1824), der sich selbst als «Erfinder einer neuen Wissenschaft» betrachtete, seine *Kurzgefasste Theorie der Mnemonik*. Unter dem Eindruck der wiederaufgenommenen, teilweise auch sehr kontrovers geführten Diskussion um die Gedächtniskunst gelang es schließlich Aimé Paris (1798–1866), den Winckelmann'schen Zifferncode im Jahre 1825 in einen phonetischen Code zu bringen, der in dieser Form noch heute besteht. In Deutschland sorgte vor allem der Däne Carl Otto Reventlow (1817–1873) mit Schriften über sein neuentwickeltes mnemotechnisches System für eine weitere Verbreitung der Gedächtniskunst.

Im 20. Jahrhundert schließlich teilte sich die Mnemotechnik zunächst weitgehend in «Einzelunternehmungen» auf. Die einen wollten die Kunst noch einmal neu erfinden, andere hielten es hingegen für das Beste, in der Mnemotechnik jegliche Veränderung und Fortschritte zu ignorieren und unverändert mit Ciceros Erkenntnissen zu arbeiten. Als neue Erscheinung in der Gedächtniskunst betraten im 20. Jahrhundert die Varietékünstler und Magier im wahrsten Sinne des Wortes die Bühne. Sie versuchten, wie der für seine phantastischen Gedächtnisshows berühmt gewordene Amerikaner Harry Lorayne, ein großes Publikum mit ihren Tricks und Merkfähigkeiten zu begeistern. Mnemotechnik im 20. Jahrhundert hat also längst nichts mehr mit Rhetorik und Weisheit zu tun, sondern mit Unterhaltung, Finesse und mit Geld.

Dass die Gedächtniskunst schließlich als sportliche Disziplin institutionalisiert wurde, geht auf die Tatkraft von Tony Buzan, dem Erfinder der Mind Map und bekannten Buchautor, zurück. Nachdem Buzan für eine BBC-Serie mit dem Titel «Use your Head» um die ganze Welt gereist war, fand er es an der Zeit, endlich auch einen Wettkampf zu initiieren, der die Kapazität des Gedächtnisses testet, war er doch überall mit seinem Thema auf große Resonanz beim Publikum gestoßen. 1991 war es dann so weit: Zusammen mit Raymond Keene, einem erfolgreichen englischen Schachgroßmeister, beschloss Tony Buzan, die erste Gedächtnisweltmeisterschaft ins Leben zu rufen – im Athenaeum Club in London.[10] Eingeladen waren unter anderem Creighton Carvello, der wohl erste Gedächtnissportler der Welt, der schon häufiger bei Fernsehauftritten sein Talent gezeigt hatte, und Dominic O'Brien, der durch Carvello zum Gedächtnissport angeregt worden war. Außerdem traten Bruce Balmer (merkte sich 2000 Wörter in 18 Stunden), Philip Bond (merkte sich 236 Wörter in 30 Minuten), Jonathan Hancock (Weltrekordhalter im Memorieren von sechs Kartenspielen), Harry Lorayne (Varietékünstler, der das Publikum durch sein außergewöhnliches Gedächtnis begeistern konnte), Nwodo Ohaka (konnte sich Tausende Telefonnummern merken) und Kenneth Wilshire (durch sein gutes Gedächtnis sehr erfolgreich beim Karten-Glücksspiel Blackjack) an. Das Interesse der Medien war riesig, und fast jede englische Zeitung berichtete darüber. Es blieb spannend bis zur letzten Disziplin «Speed Cards», denn erst dann stand der Gewinner fest: Es war Dominic O'Brien, der in der Folgezeit insgesamt acht Weltmeisterschaften im Gedächtnissport für sich entscheiden konnte. So entstand eine neue Sportart – basierend auf Mnemotechnik.

Nach der ersten Gedächtnismeisterschaft in England fanden seit 1997 jährlich auch die Deutschen Gedächtnismeisterschaften statt und bald darauf nord- und süddeutsche Regionalmeisterschaften. Inzwischen ist die Sportart auch in Frankreich, Schweden, Norwegen, Wales, Österreich, Polen, Indien, Thailand, China, Japan, Mexiko, USA, Nigeria, Südafrika und Australien verbreitet. Es gibt, wie beim Schach, auch hier den Großmeistertitel, ein Titel auf Lebenszeit, der sich auf drei Disziplinen bezieht, in denen besondere Leistungen zu erbringen sind. So muss man in der Lage sein, sich ein Kartenspiel in weniger als zwei Minuten einzuprägen und sich 1000 Zahlen sowie 10 Kartenspiele jeweils in einer Stunde zu merken und richtig wiederzugeben. Auch mit einer im Wettkampf erreichten Gesamtwertung von über 6000 Punkten hat man Anspruch auf den Titel des Gedächtnisgroßmeisters.

Bei allen Weiterentwicklungen und Neuerungen in den Techniken aber ist die Grundlage des Memorierens unverändert geblieben: Alle Gedächtnissportler arbeiten immer noch mit der Routenmethode, dem Merksystem, das die Gedächtniskunst überhaupt erst ins Leben gerufen hat – als Folge eines Festmahls im antiken Griechenland.

Weltmeisterschaft 2008

Da ich bei der Deutschen Gedächtnismeisterschaft so gut abgeschnitten hatte, wollte ich nun auch den nächsten Schritt machen: Ich meldete mich für die nächste Gedächtnisweltmeisterschaft an, die im Oktober stattfinden sollte. Exotischer und aufregender konnte der Austragungsort kaum sein: Die Gedächtnissport-Elite traf sich wie im Jahr zuvor im Königreich Bahrain, dem Inselstaat im Persischen Golf. Zusammen mit meinen Eltern kam ich zwei Tage vor Beginn der Weltmeisterschaft in der Hauptstadt Manama an, und von der ersten Sekunde an strömten unglaublich viele neue Eindrücke auf mich ein. Das Klima war das Erste, was uns zu schaffen machte, die hohe Lufttemperatur war schier unerträglich. Aber trotz der Hitze musste ich darauf achten, immer so viel Haut wie möglich zu bedecken – schließlich hielt ich mich in einem arabischen Land auf. Doch sobald ich ein Gebäude betrat, war ich froh um jedes Stück Stoff, das ich am Körper trug, weil die Innenräume durchgehend auf extrem moderate 18 Grad heruntergekühlt waren.

Am nächsten Tag gab es ein erstes Treffen für alle Gedächtnissportler im Gulf Hotel, dem Veranstaltungsort. Man konnte das riesige Gebäude schon von weitem in den Himmel ragen sehen, und als ich es betrat, wurden meine Erwartungen um ein Vielfaches übertroffen. Es war alles wie im Traum. All die erfolgreichen Sportler, über die ich schon so viel im Internet gelesen hatte, konnte ich jetzt wirklich treffen. Erst einmal aber stand die Registrierung auf dem Plan. Nachdem jeder sein Namensschild mit der jeweiligen Landesflagge darauf abgeholt hatte, kamen alle zum «Competitor Briefing» zusammen. Jetzt konnten noch einmal Fragen zum Ablauf und zu den Regeln in den einzelnen Disziplinen gestellt werden. Da ich seit Wochen an kaum etwas anderes mehr denken konnte als an die Weltmeisterschaft, hatte ich mich bereits über alles Wesentliche ausführlich informiert und konnte nun die Gelegenheit nutzen, die anderen Gedächtnissportler zu beobachten, die aus Deutschland, Österreich, England, Norwegen, Schweden, den USA, Südafrika und vielen anderen Ländern angereist waren. Besonders faszinierend waren die Chinesen, die ihre eigene Mannschaftskleidung hatten und einen ungeheuren Teamgeist ausstrahlten. Sie stellten die meisten Teilnehmer und präsentierten ihren Nationalstolz mit den vielen kleinen Landesflaggen, die auf ihren Tischen verteilt standen.

Am nächsten Morgen wurde es ernst: Innerhalb der nächsten drei Tage sollten wir in zehn Disziplinen die Kapazität unseres Gedächtnisses unter Beweis stellen, und abschließend sollten das beste Team, der beste Erwachsene, der beste Jugendliche und das beste Kind gekürt werden. Jeder Teilnehmer hatte in dem riesigen, von Kronleuchtern erstrahlten und mit einer mächtigen Empore ausgestatteten Raum einen großen Tisch für sich alleine zur Verfügung – genügend Platz also für Jonglierbälle, Schreibutensilien, Glücksbringer und Esspakete. Diese außergewöhnliche Situation und die Tatsache, dass es die erste Weltmeisterschaft war, an der ich teilnahm, ließen meine Aufregung groß werden – aber ganz offensichtlich nicht nur meine.

In diesen drei Wettkampftagen drehte sich alles nur

noch um Punkte, Platzierungen und Geldpreise, Erfolg oder auch Versagen in den Disziplinen und gespanntes Warten auf die Ergebnisse, die möglicherweise neue Weltrekorde anzeigen. Die Nächte dazwischen zeichneten sich trotz meiner unbeschreiblichen Müdigkeit und Erschöpfung durch unruhigen Schlaf aus, was mich aber nicht weiter störte. Es war für mich wirklich ein Kampf: weniger um Punkte oder gegen andere, es war die Konzentration, die mir zu schaffen machte. Zum ersten Mal habe ich mich in einem Wettkampf den langen Marathondisziplinen gestellt, die drei Stunden lang Höchstleistung der grauen Zellen erforderten. Schon damals war das nicht meine Stärke, was sich bis heute nicht geändert hat. Allerdings schaffte ich es in zwei Disziplinen, den dritten Platz unter allen Teilnehmern zu belegen. Das war zum einen in der Disziplin «Wörter», zum anderen in der Disziplin «Namen und Gesichter», die in diesem Wettkampf besonders schwierig war.

Die Disziplin «Namen und Gesichter»

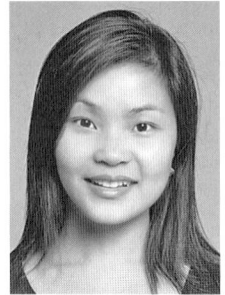

Nicole Plötz

Rebecca Riemer

Lars Mellish

Pauline Tentschert

Vincent Bidell

Sonja Schneider

Auch diese Disziplin fehlt bei keiner Meisterschaft. Die Aufgabe besteht darin, sich in kurzer Zeit so viele Namen wie möglich – samt zugehörigen Gesichtern – aus einer festgelegten Anzahl von Personenbildern einzuprägen. Auf dem Wiedergabeblatt ist die Reihenfolge der Fotos natürlich wieder verändert, und es gilt, den «Gesichtern» ihren «Namen» wieder zuzuordnen.

Man muss sich die Informationen so eingeprägt haben, dass ein Blick auf das Foto genügt, um auf den passenden Namen zu kommen – ein im Übrigen gutes Training für den Alltag. Dazu eignet sich die Schlüsselwortmethode, die Sie im Zusammenhang mit der Disziplin «Vokabeln» bereits kennengelernt haben. Man verknüpft den Namen mit dem Gesicht der Person, indem man für Vor- und Nachnamen jeweils ein ähnlich klingendes Schlüsselwort findet, und beide zu einem Merksatz verbindet. Um auf einen passenden Merksatz zu kommen, sucht man sich in dem Gesicht einen «Anker»: eine große Nase, einen besonderen Haarschnitt, spitze Wangenknochen, eine Brille, das Lächeln, schiefe Zähne – Hauptsache auffällig, eindeutig zuzuordnen und einprägsam.

Hier zur Veranschaulichung ein paar Beispiele:

Ruth Kerschensteiner   Linus Falconer

Sylvia Linzer   Arthur Linder

Ruth Kerschensteiner
Sie lächelt siegessicher (Anker), da sie eine ganz bestimmt Route (Schlüsselwort für Ruth) im Kopf hat. Sie
folgt schlicht den vielen Kirschsteinen (Schlüsselwort für
Kerschensteiner).

Linus Falconer
Weil er Linien auf seiner Mütze (Anker) hat, nimmt er
fast immer den Linienbus (Schlüsselwort für Linus). Er
ist aber ein besonderer Fall (Schlüsselwort für Fal-): Im
Bus tanzt er herum wie Sarah Conner (Schlüsselwort für
-coner).

Sylvia Linzer
Ihre weiße Kurzhaarfrisur (Anker) wollte sie kürzlich sil-
bern (Schlüsselwort für Sylvia) färben lassen. Doch dann
erfuhr sie, dass man das ganz leicht selbst machen kann,
indem man sich Linzer Torte (Schlüsselwort für Linzer) in
die Haare schmiert.

Arthur Linder
Früher war es immer seine Art (Schlüsselwort für Art-),
gegen die Tür (Schlüsselwort für -thur) zu rennen. Er

musste oft seine Schmerzen lindern (Schlüsselwort für Linder). Das passiert ihm jetzt nicht mehr, denn er hat zum Glück eine Brille (Anker).

Versuchen Sie nun, zu den folgenden zwei Namen und Gesichtern einen einprägsamen Merksatz zu finden, und notieren Sie ihn rechts von den Fotos.

Eugen Funk

Christa Gugler

Lösungsvorschläge:

Eugen Funk

Die Augen (Schlüsselwort für Eugen) des kleinen Jungen (Anker) funkeln (Schlüsselwort für Funk) wunderschön.

Christa Gugler

Ihr Lächeln (Anker) ist so strahlend wie ein Christbaum (Schlüsselwort für Christa). Aber leider ist sie strohdumm. Sie muss immer alles googeln, ist also ein richtiger «Googler» (Schlüsselwort für Gugler).

Mind Map

Bei der Weltmeisterschaft in Bahrain lernte ich unter anderem auch Tony Buzan kennen, der, wie erwähnt, die erste Gedächtnisweltmeisterschaft organisiert hat und damit als Begründer des Gedächtnissports gilt. Doch bekannt geworden ist der Buchautor durch eine geniale Erfindung im Bereich der Lerntechniken, die Mind Map. Mind-Mapping bezeichnet eine Methode, mit der man sich ein Thema mittels einer graphischen Darstellung erstmals erschließt oder bearbeitet. Die sogenannte Gedächtniskarte stellt nach Tony Buzan ein «ultimatives organisatorisches Denkwerkzeug» dar. Sie ist eine auf Papier gebrachte bildhafte Ordnung, die sich viel besser im Gedächtnis verankert als eine Darstellung in Form von Notizen, Listen, Textstücken usw.

Das bloße Herunterschreiben von Informationen hilft in den seltensten Fällen, sich diese auch wirklich einzuprägen. Auch ich habe dazu meine Erfahrungen gemacht – früher, als ich beispielsweise die im Unterricht gezeigten Filme mitgeschrieben habe, um bloß nichts von den wichtigen Informationen und Aussagen zu vergessen. Denn oftmals folgte kurze Zeit später ein Test, in dem das Gesehene wieder abgefragt wurde. Meistens aber musste ich feststellen, dass ich mit meinen Notizen schon kurz nach Anfertigung kaum mehr etwas anfangen konnte und Inhalt und Aussage des Films darüber nicht mehr zu rekonstruieren waren. Meinen Mitschülern erging es nicht besser, eher im Gegenteil. Mein Gedächtnis, das sonst so zuverlässig arbeitete, scheiterte an dieser unergiebigen «Merkmethode».

Tony Buzan, Verfasser von zahlreichen Büchern über das Lernen und Denken, hatte das Problem der verbreiteten «falschen» Methoden zur Wissensaneignung wohl erkannt, und machte sich deswegen «auf die Suche nach einem Denkwerkzeug, das uns die Freiheit zum Denken geben würde, und zwar die Freiheit, so zu denken, wie es unserer natürlichen Denkweise entspricht».[11] Diese Freiheit sah Buzan in vielen der herrschenden Lernmethoden nicht gegeben, im Gegenteil, reines Auflisten und Auswendiglernen von Informationen bedeute, unserem Denken von vornherein Steine in den Weg zu legen. Dieses mechanische Wiedergeben steht in genauem Gegensatz zu unserer assoziativen Denkweise, was Tony Buzan dazu veranlasste, eine Methode zu finden, die den natürlichen Vorgängen unseres Gehirns angepasst ist.

Mit Bildern, Farben, Phantasie und Assoziationen arbeitet unser Gedächtnis am liebsten und am besten, deshalb sind beim Mind-Mapping genau diese Aspekte zentral wichtig. Man arbeitet mit Schlüsselwörtern, Symbolen und Farben um das zu er- oder bearbeitende Thema herum, das in der Mitte eines Blattes Papier geschrieben steht, möglichst genau formuliert oder als kleines Bild. Die verschiedenen Ideen und Assoziationen zum Hauptthema führen von diesem Mittelpunkt ab, wie die großen Straßen einer Landkarte (map), die sich von einem Zentrum entfernen. Man zeichnet – möglichst gebogene – Linien in alle Richtungen, um darauf jeweils ein Schlüsselwort zu schreiben, das in Zusammenhang mit dem Thema im Mittelpunkt steht. Noch übersichtlicher und einprägsamer wird die bildliche Darstellung, wenn jeder «Hauptast» oder jede Hierarchieebene eine andere Farbe bekommt; damit kann man die einzelnen Themen deutlicher voneinander abgrenzen. Wenn nun die Schlüsselwörter rund um das Zentrum verteilt sind, folgt die nächste Ebene, weitere, kleiner werdende Äste, die von den Hauptästen abgehen, bestückt mit Schlüsselwörtern, die zu den jeweiligen Unterpunkten passen. Jedes Schlüsselwort auf jeder Ebene kann seinerseits wieder zum Mittelpunkt einer neuen Mind Map werden – den Assoziationen sind keine Grenzen durch die Methode gesetzt –, sie werden durch sie sogar beflügelt. Für das Erstellen einer Mind Map hat Tony Buzan «sieben goldene Regeln»[12] aufgestellt:

Bei einer Mind Map sollten Sie

1. in der Mitte beginnen, damit Sie genug Entfaltungsmöglichkeiten haben,
2. ein Symbol oder Bild und nicht ein Wort als Ausgangspunkt verwenden,
3. mit Farben arbeiten, um zusätzliche Dynamik zu erzeugen,
4. Ihre Ideen (durch Linien) verbinden,
5. die Äste gekrümmt und nicht gerade malen,
6. nur ein Schlüsselwort pro Linie nutzen, da es damit viel mehr Möglichkeiten gibt als mit starren Satzgefügen,
7. mit Bildern arbeiten, da ein Bild mehr wert ist als tausend Worte.

Als Beispiel hier eine Mind Map über ihren Erfinder Tony Buzan:

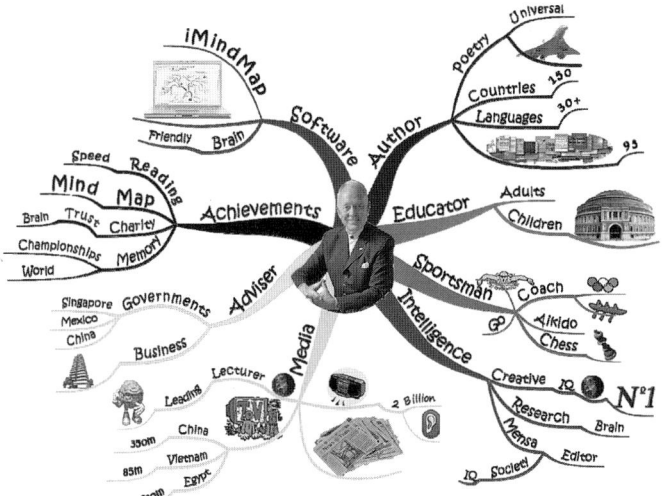

Tony Buzan Profile

In seinem Mind-Map-Buch gibt Tony Buzan Beispiele für Situationen und Themenstellungen, die sich mit einer Mind Map gedanklich gut vorbereiten oder bearbeiten lassen[13]:

- Kommunikation und Präsentationen, Vorträge
- Überzeugungsarbeit und Verhandlungsvorbereitung
- Vorbereitung, Durchführung und Aufzeichnung von Besprechungen
- Vorbereitung oder Wiedergabe von wichtigen Telefongesprächen
- Kundenübersichten für Verkaufspersonal (ständige Aktualisierung des wachsenden Kundenstamms)
- Aufzeichnungen für Lern- und Studienzwecke
- gedankliches Erfassen eines Buches
- Lebensplanung
- Planung von Familienereignissen
- Planung eines romantischen Wochenendes
- Planen von Urlaubsreisen, Partys, Hochzeiten

JUNIORENWELTMEISTERIN –
WAS WILL MAN MEHR?

Als ich am letzten Abend der Weltmeisterschaft auf der Bühne stand und meinen Pokal als «Junior World Champion» entgegennahm, hatte ich überhaupt keine Vorstellung von den Konsequenzen, die dieser Sieg haben würde. Bereits am nächsten Morgen gab ich im Hotel ein Radiointerview, und anschließend beim Besuch eines riesigen Shoppingcenters klingelte unentwegt das Handy, weil gleich mehrere Zeitungen, die ich zum Teil gar nicht kannte, ein Gespräch mit mir über die Meisterschaft führen wollten. Aber die eigentliche Überraschung kam erst bei meiner Ankunft in Deutschland.

Als wir nach langer Reise endlich auf dem Weg vom Bahnhof nach Hause waren, mussten wir am Rathaus einen längeren Zwischenstopp einlegen: Ein riesiges Banner mit meinem Namen hieß mich als Juniorenweltmeisterin in meiner Heimatstadt willkommen, und es waren zahlreiche Menschen gekommen, um uns zu begrüßen. Obwohl ich die Nacht kaum geschlafen hatte, war ich hellwach, als der Bürgermeister in einer Ansprache den Stolz der Stadt über meinen Erfolg zum Ausdruck brachte und mich zum Weltmeisterschaftstitel beglückwünschte. Danach wurden bei Musik Sekt und Brezeln gereicht – es war eine regelrechte Begrüßungsfeier, wie ich sie niemals erwartet hätte. Am meisten aber freute ich mich über die vielen alten Klassenkameraden, die zu diesem Überraschungsempfang gekommen waren. Ich hätte gerne die

Gelegenheit genutzt, nach langer Zeit endlich einmal wieder mit ihnen zu reden und mich auszutauschen. Doch wieder waren es die Journalisten, die sich mit ihren Bitten um Interviews dazwischendrängelten.

Endlich dann, nach etlichen Interviews und vielem Händeschütteln, zu Hause angekommen, wartete dort die nächste Überraschung: wieder ein Willkommens- und Glückwunschplakat, von Nachbarn vor unserer Haustür angebracht; in der Küche, ausgebreitet auf dem Tisch, sämtliche Zeitungsartikel über mich als Gedächtnisweltmeisterin der Junioren; und zu guter Letzt ein Überraschungskuchen im Kühlschrank. Ich fing langsam an zu begreifen, dass diese Goldmedaille vielleicht doch mehr bedeutete, als ich mir vorgestellt hatte.

Als ich schließlich ins Internat zurückkam, gab es erneut Beifall und viel Begeisterung. Jeder wusste natürlich, was ich «mitbrachte», auch hier war man stolz auf mich, wobei sich vereinzelt auch Ablehnung und Neid bemerkbar machten. Das Wort «Gedächtnisweltmeisterin» jedenfalls mochte ich schon bald nicht mehr hören, egal, ob es bewundernd oder als Etikett gemeint war. Dass so viel Aufhebens um meinen Titel gemacht wurde und die Aufgeregtheit darüber in der Schule zunächst auch nicht nachließ, hatte mit Sicherheit mit den vielen Kamerateams zu tun, die nach Torgelow kamen, um mich zu filmen – im Unterricht, «privat» in meinem Zimmer mit meiner Mitbewohnerin oder aber beim Training. Ich selbst war einerseits überrascht, dass sich plötzlich so viele für mein Hobby interessierten und den Gedächtnissport «toll» fanden. Endlich musste ich mich für meinen seltsamen Zeitvertreib nicht mehr rechtfertigen und konnte stolz darauf sein.

Andererseits bedeutet diese Aufmerksamkeit, dass, egal, wohin ich komme, die Leute in der Regel wissen, dass ich

«Gedächtnisweltmeisterin» bin. Und wenn sie es nicht wissen, wird es ihnen von Freunden und Bekannten sofort erzählt. Dabei sind die Vorstellungen der meisten über diese Sportart teils belustigend, teils auch enttäuschend, in jedem Fall aber treffen sie nicht den Kern der Sache. Denn nach wie vor weiß kaum jemand wirklich etwas über «Gedächtnissport» oder «Mnemotechnik», ganz zu schweigen von praktischer Erfahrung damit. Ich bemühe mich immer darum zu erklären, dass es die Techniken sind, mit deren Hilfe ich mir unter anderem so viele Zahlen einprägen kann und ich kein Genie oder sonst etwas Besonderes bin. Mein Sport ist in vielem genauso wie andere Sportarten: Jeder kann es darin zu etwas bringen, es hängt nur davon ab, wie viel Mühe und Zeit er bereit ist zu investieren. Denn beides, Disziplin und Training, ist Voraussetzung für Erfolg. Ohne die Bereitschaft und Freude daran, etwas aus seinem Potenzial zu machen, ist auch im Gedächtnissport kein Pokal zu gewinnen.

Norddeutsche Meisterschaft 2009

Im März 2009 stand die Norddeutsche Meisterschaft in Magdeburg an. Da ich wusste, dass ich im folgenden Jahr schon zu den Erwachsenen gehören würde, wollte ich mich probeweise schon einmal mit ihnen messen: Ich beschloss, am ersten Tag bei den Jugendlichen teilzunehmen, um meinen Titel zu verteidigen, und am zweiten bei den Erwachsenen – hier außer Konkurrenz – an den Start zu gehen. Die Altersgruppen sind im Gedächtnissport eingeteilt in Kinder (8 bis 12 Jahre), Jugendliche (13 bis 17 Jahre) und Erwachsene (ab 18 Jahre).

Die Disziplinen für Kinder und Jugendliche sind ähnlich wie die der Erwachsenen, werden aber anders, das heißt weniger streng als bei der Erwachsenengruppe, gewertet. Doch für alle Altersgruppen gilt das Prinzip: Vergessen wird hart bestraft. Wenn ein erwachsener Teilnehmer zum Beispiel in einer Reihe von 40 Ziffern alle richtig wiedergegeben hat außer zwei, bekommt er für die Reihe null Punkte. Bei nur einer falsch wiedergegebenen Ziffer würde er noch 20, also die Hälfte der möglichen Punkte, bekommen. Da man sich aber immer je zwei Ziffern in einem Bild merkt, fehlen bei einem nicht erinnerten Bild zwangsläufig zwei Ziffern. Diese strengen Regelungen zwingen zum exakten Memorieren, weil man weiß, dass geringste Fehler in der Bewertung das Aus bedeuten können. Null Punkte in einer Disziplin bedeuten also nicht null Leistung oder auch nur schlechte Leistung. Im Gegenteil: Oftmals hat man sich besonders viel eingeprägt und kann bei der Wiedergabe die Menge schlicht nicht komplett entschlüsseln.

Kaum ein Gedächtnissportler schafft es, seine Trainingsergebnisse in einem Wettkampf zu verwirklichen. Das liegt zum einen natürlich an Aufregung, Stress und Störungen, der Hauptgrund dürfte aber sein, dass man es nicht gewohnt ist, sämtliche Disziplinen so kurz hintereinander zu absolvieren. Man trainiert die Disziplinen einzeln, gelegentlich auch zwei oder drei nacheinander, aber kaum je so viele, wie bei einer Meisterschaft an einem Tag in Folge durchgehalten werden müssen. Aufgrund der sehr kurzen Pausen zwischen den Disziplinen – meist sind sie fünf bis zehn Minuten lang, selten gehen sie über 15 Minuten – hat man schwer mit der Konzentration zu kämpfen, zumal gegen Ende eines Wettkampfs. Hinzu kommen ein extrem hoher Erwartungsdruck und die ungewohnte Konkurrenzsituation unter den Teilnehmern, was beides zusammen alles andere als entspannend wirkt.

Man sollte also gut vorbereitet sein, wenn man an einer Gedächtnismeisterschaft teilnehmen möchte. Für die theoretische wie praktische Vorbereitung und Ausstattung halte ich folgende zehn Punkte für nützlich und hilfreich:

- Übung – man sollte jede Disziplin bereits mehrmals trainiert haben;
- Techniken – das Mastersystem und mehrere Routen sollte man im Kopf haben;
- Motivation – man muss den Willen haben, sich Dinge zu merken;
- Taktik – man sollte sich für die einzelnen Disziplinen vorher überlegen, wie viel an Information man sich einprägen will;
- Schreibutensilien – Kugelschreiber, Bleistift, Radiergummi und Anspitzer;
- Schallschutzkopfhörer – damit kann man sich besser konzentrieren;
- Stoppuhr – die Zeit immer im Blick zu haben ist sehr hilfreich;
- Spielkarten – für die Kartendisziplinen werden die Spielkarten oft selbst mitgebracht;
- Wasser – viel Flüssigkeit hilft bei der Konzentration und dem Durchhaltevermögen;
- Nahrung – Müsliriegel, Obst, Schokolade, Traubenzucker geben kurzfristig Energie.

Ich beschloss also, die Doppelbelastung während der Norddeutschen Meisterschaft auf mich zu nehmen, und reise mit mehreren Jugendlichen aus meiner Schule nach Magdeburg, um zunächst den Juniorenwettbewerb mitzumachen und möglichst zu gewinnen. Nach dem üblichen Auf und Ab von Freude und Enttäuschung gelang es mir am Ende, mit der höchsten Punktzahl abzuschließen. Zum feierlichen Abschluss gab es am Abend eine «Gedächtnis-Show», die auch die Siegerehrung der Jugendlichen beinhaltete. In der Show trat unter anderem Dr. Ulrich Voigt auf, der neben vielen anderen Gedächtnistechniken sehr erfolgreich «Pi-Sport» betreibt.

Dieser Sport geht auf die Kreiszahl Pi zurück, eine mathematische Konstante, die das Verhältnis des Umfangs eines Kreises zu seinem Durchmesser beschreibt. Diese wohl berühmteste Zahl der Welt fasziniert und beschäftigt die Menschen seit Jahrhunderten, ganze Generationen von Mathematikern waren an der Suche nach der größtmöglichen Annäherung an ihren Wert beteiligt. Als irrationale Zahl ist die Darstellung von Pi unendlich lang – heute sind mehrere Millionen Stellen nach dem Komma bekannt –, wobei keine zyklische Wiederholung der Ziffern zu erkennen ist – gesucht wird immer noch nach dem Beweis einer statistischen Gleichverteilung der Ziffern 0 bis 9, womit Pi als «normale» Zahl nachgewiesen wäre. Die meisten Menschen werden, wenn überhaupt, allenfalls die ersten drei, höchstens noch die ersten sechs Ziffern von Pi, nämlich 3,14159, kennen. Eine Reihe von Gedächtniskünstlern hat nun der Ehrgeiz gepackt, so viele Stellen wie möglich dieser «geheimnisvollen» Zahl auswendig zu lernen, und dieses Auswendiglernen ist zu einem Sport geworden. Eigentlich nicht verwunderlich, eignet sich solch eine endlose Zahlenfolge, wie sie die Pi-Zahl vorgibt, doch hervorragend dazu, sein Zahlengedächtnis unter Beweis zu stellen. Die Pi-Sportler arbeiten mit speziellen Techniken, um sich nach und nach immer mehr Kommastellen zu erarbeiten und dauerhaft einzuprägen. Ein Japaner soll es bereits auf 100 000 Ziffern gebracht haben. Der offizielle Weltkrekord liegt bei 67 890 Stellen, für deren fehlerfreie Wiedergabe der Chinese Chao Lu 24 Sunden und vier Minuten gebraucht hat. Ulrich Voigt hat sich auf die ersten 100 Nachkommastellen spezialisiert, die er in einer ungeheuren Geschwindigkeit wiedergeben kann und von denen er auf Abfrage auch einzelne entsprechend ihrer Stelle in der Abfolge benennen kann – ebenfalls in atemberaubendem Tempo.

Am nächsten Morgen war ich die Einzige, die bereits einen Wettkampf hinter sich gebracht hatte. Aber wer weiß – vielleicht war mein Gedächtnis auch dadurch erst richtig warm gelaufen. Es ging jedenfalls alles relativ gut, und ich musste mich auch bei den Erwachsenen nicht mit meinen Leistungen verstecken. Am Ende wäre ich sogar Dritte geworden, aber ich konnte logischerweise nicht noch einmal einen Pokal für mich beanspruchen. Eine Disziplin, die 2006 für die Erwachsenen eingeführt wurde, war neu für mich. Sie ist nicht gerade alltagsgebräuchlich und heißt «Abstrakte Bilder».

Die Disziplin «Abstrakte Bilder»

Auch bei dieser Disziplin geht es darum, sich eine Abfolge zu merken. Man hat Reihen von jeweils fünf nebeneinanderstehenden abstrakten Bildern, die ihrer Position innerhalb der Reihe nach memoriert werden müssen. Bei der Wiedergabe ist zwar die Abfolge der Reihen unverändert, dafür sind die Bilder innerhalb einer Reihe umgestellt. Nun geht es also darum, in der kurzen Wiedergabezeit die Bilder jeder Reihe nach ihrer vorherigen Position

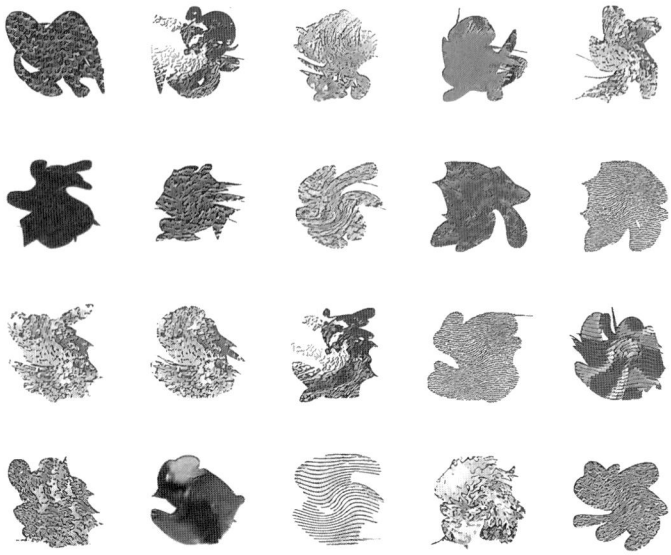

durchzunummerieren. Theoretisch genügt es, sich nur die ersten vier Bilder zu merken, sie bei der Wiedergabe mit den entsprechenden Nummern zu versehen und das «übrig gebliebene» fünfte Bild zuletzt zu beziffern. Da jedoch die Gefahr der Verwechslung und des Vergessens sehr groß ist, merke ich mir vorsichtshalber immer alle fünf Bilder.

Die Disziplin «Abstrakte Bilder» hat schon viele Gedächtnissportler veranlasst, sich auf die Suche nach einer eigens dazu passenden Technik zu begeben. Erfolgreich dabei war ganz offensichtlich der derzeitige Inhaber des Weltrekords, Dr. Gunther Karsten, der seinen Geniestreich aber verständlicherweise nicht im Einzelnen erklären will. Bekannt sind Versuche, die Bilder mittels eines Codes in Zahlen umzuwandeln, aber ein wirkliches System ist daraus noch nicht entwickelt worden, was aufgrund der zahllosen Varianten der Bilder grundsätzlich auch schwierig ist.

Ich selbst benutze die «einfache» Methode, mit der ich bislang ganz gut gefahren bin, und «hänge» jedes Bild an einen Routenpunkt. Das Einprägen läuft dann folgendermaßen ab: Ich sehe das abstrakte Bild und überlege, wem oder was es ähneln könnte. Es sieht zum Beispiel aus wie ein Fisch oder ein Kaninchen. Mitunter erinnern mich die Bilder auch an Monster mit Helm oder an Blumen. Was man aus dem Bild macht, ist völlig gleichgültig, Hauptsache, man findet schnell eine Assoziation, die man phantasievoll mit dem Routenpunkt verknüpfen kann. Oft merke ich mir die Bilder auch als reine Phantasiekreaturen, oder es genügt, nur einen kleinen Teil des Bildes als Inspiration zu nehmen. Ein großer Stachel zum Beispiel oder eine Zacke reicht häufig schon aus. Oder ich gehe nach dem Muster eines Bildes: Bei schwarzen Punkten auf weißem Hintergrund merke ich mir einen Dalmatiner, bei einem flächigen Schwarz stelle ich mir an dem Routenpunkt einen schwarzen Fleck vor, bei Streifen ist der Routenpunkt auch gestreift. Manchmal erscheint es mir fast ein wenig verrückt, wenn ich in blitzschnellem Tempo Dinge in den Bildern sehe, die sie nicht im Entferntesten darstellen. Aber eben das hilft bei der Wiedergabe, das Bild zu erkennen und richtig zu nummerieren.

Sport Stacking

Neben dieser neuen Disziplin lernte ich bei der Norddeutschen Meisterschaft auch eine neue Sportart kennen. Ich durfte bei der Siegerehrung als Erste einen der vielen Sachpreise aussuchen und wählte die «speed stacks». Ich hatte schon einiges von Sport Stacking gehört, vor allem durch einen befreundeten Gedächtnissportler, der viel Erfolg damit hat. Jetzt, wo ich den wesentlichen Teil der Ausrüstung besaß, wollte ich die Kunstfertigkeit auch einmal ausprobieren. Sport Stacking (Sportstapeln), auch Speed Stacking (Schnellstapeln) oder Cup Stacking (Becherstapeln) genannt, ist ein Geschicklichkeitssport. Es geht darum, neun oder zwölf besondere Becher (speed stacks) in einer bestimmten Reihenfolge pyramidenförmig auf- und wieder abzustapeln, das Ganze möglichst schnell und möglichst fehlerfrei.

Ähnlich wie beim Jonglieren wird bei dieser Sportart die Hand-Augen-Koordination verbessert sowie die Reaktionsschnelligkeit und Konzentrationsfähigkeit gesteigert. Auch hierbei sind beide Gehirnhälften gleichzeitig aktiv, sodass durch die Über-Kreuz-Schaltung neue Verbindungen zwischen ihnen entstehen. Was das Becherstapeln als Geschicklichkeitssport für viele vielleicht noch interessanter macht als das Jonglieren, ist die Tatsache, dass es sich sehr gut als Wettkampfsportart eignet. Die Möglichkeit, sich und seine Leistung mit anderen zu messen, ist zusätzlicher Ansporn, in der Leistung immer weiterzukommen.

Die «Fun-Sportart» wurde in den 1980er Jahren in Kalifornien von einem Grundschullehrer erfunden und erreichte in Amerika schnell große Beliebtheit: Tausende von Schulen bieten Sport Stacking als freiwilliges Angebot an, viele davon führen sogar regelmäßig eigene Meisterschaften durch. Die Turniere und Weltmeisterschaften sind für alle Altersgruppen offen – man trifft Teilnehmer zwischen 4 und 60 Jahren dort an –, die Schnellsten sind aber meist die Jüngeren.

Auch in Deutschland wird der Sport immer beliebter. Nachdem sie vor einigen Jahren den Sprung zu uns geschafft hat, gehört die Sportart inzwischen auch hier zum freiwilligen Angebot zahlreicher Schulen. Dort hat man offensichtlich den «schulischen» Nutzen dieser Geschicklichkeitsübung erkannt. Seit kurzem werden auch deutsche Meisterschaften ausgetragen, und deutsche Stacker erweisen sich bereits international als sehr erfolgreich.

Turniere und Meisterschaften setzen sich aus drei Einzeldisziplinen zusammen:

3-3-3: Man stapelt drei kleine Pyramiden mit jeweils drei Bechern auf und ab.

3-6-3: Man stapelt mit 12 Bechern erst eine Dreier-, dann eine Sechser-, dann wieder einer Dreierpyramide auf und wieder ab.

Cycle: Die schwierigste Disziplin, bei der man Pyramiden unterschiedlicher Größe mehrmals auf- und abstapelt.

Sport Stacking eignet sich besonders gut für jüngere Schüler. Es macht Spaß, verlangt körperliche Anstrengung, ohne sich völlig verausgaben zu müssen, schult die Konzentrationsfähigkeit, und sie erlaubt, sich spielerisch mit Freunden zu messen. Ohne dass man es bewusst wahrnimmmt, lernt man durch das Becherstapeln genaues, ja exaktes Arbeiten, was vielen, hauptsächlich jungen Schülern heutzutage oftmals so schwerfällt. Die Erfolgserlebnisse stellen sich bei regelmäßigem Üben schnell ein, und das nicht nur bei den Jüngsten unter den Spielern.

Eine besondere Form dieser Sportart ist das Dice Stacking. Dafür braucht man ebenfalls spezielle Becher, doch sind hier Casinowürfel (engl. dice «Würfel») der Mittelpunkt des Geschehens. Grundprinzip dieses Geschicklichkeitsspiels ist es, dass mehrere Würfel von einer flachen Oberfläche in einen Becher aufgenommen werden, ohne sie dabei mit der Hand zu berühren. Anschließend wird der Becher wieder kopfüber abgestellt, und zwar so, dass dabei möglichst alle enthaltenen Würfel zu einem Turm aufeinandergestapelt sind.

Zu beiden Sportarten gibt es zahlreiche Literatur und Anleitungen im Internet.

Cambridge Open

In der Altersgruppe der Jugendlichen ist eine Verbesserung auf der Weltrangliste nur durch die Teilnahme an einer Weltmeisterschaft möglich. Die nächste Weltmeisterschaft fand allerdings erst wieder in einem guten halben Jahr statt, was mir viel zu lange dauerte. Also beschloss ich, Anfang Mai nach Cambridge zu fliegen, um dort bei der Erwachsenenwertung offiziell mitzumachen. Denn in England gibt es im Gedächtnissport keine Altersabstufung, und die «Cambrige Open» war, wie der Name schon sagt, für alle Nationalitäten offen. In Cambridge traf ich noch andere deutsche Gedächtnissportler, die auch an dem Wettkampf teilnehmen wollten. Es war mein zweiter Besuch der Stadt, und diesmal verliebte ich mich endgültig in sie. Nachdem wir einen halben Tag die Atmosphäre dieser alten Universitätsstadt hatten genießen können, wusste ich, dass ich hier einmal studieren möchte.

Die Meisterschaft bestand aus zehn Disziplinen, die alle an einem einzigen Tag absolviert werden mussten – es war die anstrengendste Meisterschaft, die ich bis dahin erlebt hatte. Die Pausen zwischen den Disziplinen fielen zum Teil aus, und einmal wurden sogar, kaum dass die Wiedergabeblätter eingesammelt waren, schon die nächsten Aufgabenblätter ausgeteilt – keine Minute lag zwischen den Disziplinen. Und erst als das Startkommando kam und ich das neue Blatt umdrehen durfte, bekam ich mit, welche Aufgabe jetzt an der Reihe war. Auf so viel Hektik und Zeitdruck war ich nun doch nicht eingestellt.

Prompt lief natürlich einiges schief. Am schlimmsten setzte mir der Patzer zu, der mir bei der Disziplin «Binärzahlen» unterlief. Um sich die endlosen Folgen aus Nullen und Einsen gut einprägen zu können, sollte man vertikal verlaufende Linien zwischen den Reihen ziehen, weil sonst die Orientierung verloren geht. Ich hatte extra dafür ein 30 Zentimeter langes Lineal mitgebracht und meinen Bleistift superscharf angespitzt. Zunächst lief auch alles bestens: Noch während ich die Stoppuhr drückte, drehte ich das Blatt, hatte im nächsten Augenblick schon Bleistift und Lineal in der Hand, um nun in Windeseile die Trennlinien zu ziehen. Wie befeuert durch meine eigene Geschwindigkeit zog ich die erste Linie, ohne darauf zu achten, dass unter dem Blatt keine blanke Tischplatte war, sondern eine Art Tischdecke darübergespannt war. Mein spitzer Bleistift zerriss das Blatt – und zwar genau über einer Zahlenreihe. Ich wusste nicht, ob ich lachen oder weinen sollte, und verbrachte während der fünf Minuten Einprägezeit mindestens zwei Minuten mit dem Versuch, das Blatt irgendwie wieder zu reparieren – aber alles Bemühen war zwecklos. Es blieb mir also nichts anderes übrig, als bei der eingerissenen Zahlenreihe immer wieder zu raten, welche Zahl da wohl gestanden haben mochte. Auch wenn es nur eine Null oder eine Eins sein konnte – durch die Raterei ging viel kostbare Zeit verloren. Natürlich wirkten sich meine Aufregung und dieses schreckliche Zahlenraten ziemlich negativ auf mein Ergebnis aus. Seitdem achte ich immer darauf, dass mein Bleistift nicht zu spitz ist.

Die nächste Panne passierte bei der Disziplin «Zahlensinfonie».

Die Disziplin «Zahlensinfonie»

«Zahlensinfonie» oder auch «Spoken Numbers» ist die einzige Disziplin, bei der man die Informationen, die man sich merken soll, nicht sieht, sondern nur hört. Es werden Ziffern im Sekundentakt vorgelesen – bei der Deutschen Meisterschaft auf Deutsch, bei internationalen Wettkämpfen auf Englisch. Es gibt zwei oder drei Durchgänge, in denen erst 100, dann 200 und dann 300 Zahlen vorgelesen werden, was bedeutet, dass man sein Einprägetempo nicht selbst bestimmen kann. Die Geschwindigkeit, also der Sekundentakt, ist vorgegeben, und jeder, ob Weltmeister oder Anfänger, muss zusehen, dass er Schritt hält. In der Wiedergabezeit, entsprechend der Anzahl der Zahlen 5, 10 oder 15 Minuten, müssen die Zahlen in der richtigen Reihenfolge aufgeschrieben werden. Gewertet wird nur bis zum ersten Fehler, alles, was nach einer falsch wiedergegebenen oder ausgelassenen Zahl kommt, bleibt unberücksichtigt – auch wenn die Zahlen durchweg korrekt sind.

Die Merktechnik entspricht der der anderen Zahlendisziplinen. Man macht aus zweistelligen (oder dreistelligen) Zahlen ein Bild und hängt dieses an einen Routenpunkt. Da die Ziffern einzeln vorgelesen werden, muss man immer zwei (drei) Ziffern im Kopf zu einer zweistelligen (dreistelligen) Zahl machen, um das entsprechende Bild visualisieren zu können. Wiederholen kann man nicht, die Zahlen werden nur einmal gelesen. Für Anfänger in der Disziplin besteht die Schwierigkeit darin, das Tempo mitzuhalten, so lange wie möglich. Man muss die Bilder des Mastersystems dabei extrem schnell umwandeln können, um überhaupt eine Chance zu haben. Konzentration ist hier alles, nur ein winziger Gedanke an etwas anderes, und man ist draußen. Öfter schon habe ich erlebt, dass ich mich während des Einprägens darüber gefreut habe, wie gut es klappt, und – weg war ich.

Für die meisten Gedächtnissportler besteht die Herausforderung weniger darin, die gesprochenen Zahlen aufzunehmen, als vielmehr darin, sie fehlerfrei wiederzugeben. Denn: Ein Fehler an der zehnten Stelle ergibt 10 Punkte, auch wenn die nächsten 200 Zahlen stimmen.

Übungen

Es ist eine gute Konzentrationsübung, wenn Sie versuchen, sich Zahlen zu merken, die Sie nur hören – natürlich nicht im Sekundentakt gelesen. Jemand aus Familie oder Freundeskreis wird sich sicher bereitfinden, mit Ihnen dieses kleine Experiment zu machen. Um es Ihnen für den Anfang zu erleichtern, lassen Sie sich zwei Ziffern sagen, die Sie zum Bild umwandeln, bevor die nächsten beiden Zahlen gesprochen werden. Das Tempo bestimmen Sie selbst: Sie überlegen in Ruhe, welches Bild sie brauchen, verknüpfen es mit dem Routenpunkt und sagen dann «weiter», um die nächsten beiden Zahlen zu hören. Benutzen Sie dazu eine Route, die Sie zuvor aufgeschrieben haben.

Lassen Sie sich danach genügend Zeit, um die Zahlen aufzuschreiben. Falls Ihnen ein Bild nicht einfällt, nehmen Sie Ihre Liste nach dem Mastersystem zur Hand und lesen Sie sich alle Begriffe noch einmal durch, meist erkennt man es dann wieder.

12 90 24 87 33 79 46 65 50 01

Die oben angedeutete Panne während der «Zahlensinfonie» bei den Cambridge Open ging auf eine Störung zurück, die fatale Folgen für mich hatte: Alle konzentrierten sich, es war mucksmäuschenstill im Raum. «Neurons on the ready – go!» Aus dem Computer kamen die ersten Zahlen, und genau in diesem Moment klingelte eine Stoppuhr. Ich war nur kurz abgelenkt, aber es reichte, dass ich die ersten zwei Ziffern nicht verstanden hatte. Ich erwartete eigentlich, dass die Disziplin abgebrochen und neu gestartet würde, aber nichts dergleichen geschah, alle im Raum konzentrierten sich weiter auf die Ansage der Zahlen. Merkwürdigerweise schaffte ich es trotz der Irritation, mir die folgenden Zahlen einzuprägen, und ich kam bis zur vierzigsten Ziffer – aber mir war klar, dass das alles umsonst war. Da bei dieser Disziplin nur bis zum ersten Fehler gerechnet wird und ich schon die allererste Ziffer wegen der Stoppuhr nicht gehört hatte, würde ich also keine Punkte bekommen. Als ich nach der Wiedergabephase das Problem bei den Organisatoren ansprach, einigte man sich zum Glück darauf, den Durchgang zu wiederholen.

Ich erreichte am Schluss sogar noch den zweiten Platz, und mein Wunsch war in Erfüllung gegangen: Ich kletterte einige Plätze auf der Weltrangliste nach oben.

Wieder zurück im Internat, wollte ich intensiv an meinen Englischkenntnissen arbeiten, um meinem Ziel, in Cambridge zu studieren, näher zu kommen. Also begann ich ein fast 700-seitiges englisches Buch zu lesen. Doch ich las nicht nur, sondern schrieb jede mir unbekannte Vokabel daraus auf, obwohl das für das Verständnis des Textes nicht zwingend nötig gewesen wäre. Nach je einem Kapitel notierte ich die Übersetzung dieser Wörter und lernte sie. Ich hatte für mich selbst ein gutes Druckmittel gefunden: Ich durfte erst weiterlesen, wenn ich alle Vokabeln sicher wusste. Da das Buch so spannend war, ging das Vokabellernen relativ schnell mit dieser Methode. Innerhalb weniger Wochen hatte ich das Buch gelesen und annähernd 1000 neue Vokabeln im Kopf. Endlich hatte ich mein gutes Gedächtnis für etwas wirklich Nützliches eingesetzt. Ich entdeckte dabei auch den Spaß am Lernen wieder, der mir in der Schule teilweise ein bisschen verloren gegangen war. Und ich stellte fest, wie wichtig Motivation ist. Wenn man ein Ziel hat, für das man kämpft, ist Lernen überhaupt kein Problem. Ich hätte nie so viele Vokabeln so motiviert lernen können, wenn es nur für den Unterricht oder eine Klassenarbeit gewesen wäre. Die Frage «Was bringt mir das?» ist genauso wichtig wie legitim, wenn es um das Lernen geht. Zwar wird sie am Ende oft genug zur Lernhürde, aber wie soll man etwas ernsthaft lernen, was man gar nicht wissen will? In der Schule sind es die guten Zensuren für den Abschluss und damit für die berufliche Zukunft, die vielen als Antrieb dienen. Lernen also als Mittel zum Zweck. Vielen reicht das als Motivation, vielen aber auch nicht. Und dann gibt es noch diejenigen, für die Lernen schlicht ein Problem darstellt, obwohl sie interessiert und motiviert sind.

Dass man Lernen lernen kann, und das noch mit Spaß und viel Motivation, zeigt die Mnemotechnik, und das nicht nur bezogen auf die Altersgruppe der Kinder und Jugendlichen, aber hier vielleicht besonders deutlich. Wenn Techniken helfen, sich Informationen effektiv und zuverlässig einzuprägen und über solche Merkarbeit Gedächtnis und Konzentration so geschult werden, dass die Aufnahme von Information immer einfacher und selbstverständlicher wird, dann spricht sehr viel dafür, dass solche Instrumente dort zur Verfügung gestellt werden, wo es primär um Lernen geht, nämlich in Kindergarten und Schule. Den Kindern und Jugendlichen den Spaß am Lernen zu erhalten, indem man ihnen wirksame Methoden an die Hand gibt, die sie zu Erfolgserlebnissen führen, würde so manche persönliche Katastrophe verhindern und so manchen Aufwand an lernunterstützenden Maßnahmen ersparen.

Da es nie zu spät ist zu lernen, ist es auch nie zu spät, sich mit der Mnemotechnik zu beschäftigen. Das erzählte ich auch meinen Eltern und vereinbarte mit ihnen, sie zu trainieren. Ich wollte, dass sie endlich ganz genau wissen, wie die Merktechniken, mit denen ich mich so intensiv beschäftige, funktionieren. So häufig sie danach gefragt wurden, so wenig konnten sie erklären, wie ich es schaffte, mir so viele Dinge zu merken. Also beschlossen wir, gemeinsam bei der Süddeutschen Meisterschaft teilzunehmen, die etwa zwei Monate später in Karlsruhe stattfinden sollte. Es blieb nicht viel Zeit, um das Mastersystem der Karten und der Zahlen zu lernen, etliche Routenpunkte zu setzen und auch die anderen Disziplinen zu trainieren. Umso straffer musste das Training organisiert sein. Ich gab ihnen vom Internat aus telefonisch oder per E-Mail Übungsanweisungen und Aufgaben und bei meinen Besuchen zu Hause Trainingsstunden. Die Probe aufs Exempel machten wir mit einer Online-Meisterschaft, an der wir zusammen teilnahmen. Am Pfingstsonntag 2009 war es dann so weit: Wir starteten unseren gemeinsamen Ausflug nach Karlsruhe zur Süddeutschen Gedächtnismeisterschaft.

Süddeutsche Meisterschaft 2009

Da ich in diesem Jahr schon zweifach an der Norddeutschen Meisterschaft teilgenommen hatte, war es mir in Karlsruhe nur möglich, außerhalb der Konkurrenz zu starten. Das tat ich bei den Erwachsenen, da es mir ohnehin hauptsächlich darum ging, die anderen Gedächtnissportler wiederzusehen und meine Eltern zu unterstützen. Und ein gutes Training war es auf jeden Fall für mich. Meine Eltern schlugen sich gut und waren im Großen und Ganzen zufrieden mit ihren Leistungen. Für mich lief es besser, als ich erwartet hatte. Vielleicht lag es daran, dass meine Ergebnisse nicht gewertet wurden und ich dadurch weniger nervös war. Ich schaffte es bei der Disziplin «Binärzahlen» endlich, über 500 Ziffern in der richtigen Reihenfolge wiederzugeben. Das war schon seit ewiger Zeit mein Ziel, das ich bis dahin noch nicht einmal im Training erreicht hatte.

Die Disziplin «Binärzahlen»

```
Reihe 1  | 0 1 0 1 1 0 1 0 1 1 0 0 1 0 1 1 1 0 0 1 0 0 0 1 1 0 1 0 1 0
Reihe 2  | 1 0 0 0 1 1 1 0 1 0 1 0 0 1 1 1 0 1 0 0 0 1 1 0 1 0 1 0 1 1
Reihe 3  | 0 1 1 0 1 1 0 1 0 1 1 0 0 1 0 1 1 1 0 1 1 1 0 0 0 1 0 1 1 0
Reihe 4  | 1 0 0 1 0 0 1 0 1 0 0 1 1 0 1 0 0 0 1 0 0 0 1 1 1 0 1 0 0 1
Reihe 5  | 1 1 0 0 1 0 1 0 1 1 1 0 0 0 1 0 1 0 1 1 0 0 1 1 0 1 0 1 0 1
Reihe 6  | 0 0 1 1 0 1 0 1 1 0 0 1 1 0 1 1 1 0 0 1 0 1 0 1 1 0 0 0 1 0
Reihe 7  | 0 1 1 0 1 1 0 1 0 1 1 0 0 1 0 1 1 1 0 1 1 1 0 0 0 1 0 1 1 0
Reihe 8  | 1 1 0 0 1 0 1 0 1 1 1 0 0 0 1 0 1 0 1 1 0 0 1 1 0 1 0 1 0 1
Reihe 9  | 0 0 1 1 0 1 0 1 1 0 0 1 1 0 1 1 1 0 0 1 0 1 0 1 1 0 0 0 1 0
Reihe 10| 0 1 0 1 1 0 1 0 1 1 0 0 1 0 1 1 1 0 0 1 0 0 0 1 1 0 1 0 1 0
Reihe 11| 1 1 0 0 1 0 1 0 1 1 1 0 0 0 1 0 1 0 1 1 0 0 1 1 0 1 0 1 0 1
Reihe 12| 1 0 0 0 1 1 1 0 1 0 1 0 0 1 1 1 0 1 0 0 0 1 1 0 1 0 1 0 1 1
```

Nur Nullen und Einsen, deren Anordnung man sich merken muss – wie soll das gehen? Sie werden sehen, dass auch das nicht so schwierig ist, wie es zunächst scheint. Das Memorieren von Binärzahlen war am Anfang meines Gedächtnistrainings meine absolute Lieblingsbeschäftigung. Ich wollte nichts anderes üben, jeden Tag musste ich mir mindestens einmal Nullen und Einsen einprägen. Ich fand es mit Abstand die interessanteste Disziplin, obwohl gerade sie mit am wenigsten «alltagstauglich» ist. Aber auch hinter diesen Zahlen verbergen sich – wie sollte es anders sein – phantasievolle Geschichten.

Man memoriert die Binärzahlen kaum anders als Dezimalzahlen, das heißt, Sie brauchen dazu Routen und das Mastersystem. Bevor die Techniken nun zur Anwendung kommen, muss man allerdings – und dies ist hier die Besonderheit – die Binärzahlen umwandeln in Dezimalzahlen. Im Zweiersystem, das man normalerweise mit der elektronischen Datenverarbeitung in Verbindung bringt, werden Zahlenwerte nur mit zwei Ziffern, in der Regel 0 und 1, dargestellt. Hier die ersten sieben Zahlenwerte in der Gegenüberstellung:

000 – 0	100 – 4
001 – 1	101 – 5
010 – 2	110 – 6
011 – 3	111 – 7

Diese Zuordnung ist nicht etwa zufällig, sondern logisch: Wenn Sie in einem Zahlensystem nicht zehn Ziffern, sondern nur die Null und die Eins haben, folgt auf 0 (000) und 1 (001) als nächsthöhere mit 0 und 1 ausgedrückte Zahl die 10 (010), darauf 11 (011) usw. wie in der Gegenüberstellung. Die auf 111 folgende Zahl ist die 1000, also bereits eine vierstellige Zahl und als solche in diesem System uninteressant, da nur dreistellige Zahlen umgewandelt werden.

1 1 0 0 1 1 entspricht also 63 → sch/ch + m = _____
(Ihr Begriff für 63)

Von jetzt an läuft also alles so, wie Sie es schon gewohnt sind. Wenn die sechs Binärziffern in zwei Dezimalziffern umgewandelt sind, können Sie die Zahl wieder in ein Bild aus Ihrer 100er-Liste umwandeln und mit einem Routenpunkt verknüpfen. Da es Zahlen mit 8 und 9 hier nicht gibt, weil sie wie gesagt im Binärsystem bereits als vierstellige Zahlen ausgedrückt werden müssen, benötigen Sie bei dieser Disziplin also nur einen Teil ihrer 100er-Liste.

Übungen

Die Umwandlung muss zwar am Anfang relativ intensiv geübt werden, aber dadurch, dass man sich sechs Binärziffern mit nur einem Bild merken kann, ist man bei den Binärzahlen im Vergleich sogar schneller als bei den Dezimalzahlen, bei denen man nur zwei Ziffern pro Bild hat. Wandeln Sie die Binärzahlen um.

010 101 Zahl		Begriff	
001 110 Zahl		Begriff	
000 001 Zahl		Begriff	
001 100 Zahl		Begriff	
111 011 Zahl		Begriff	
110 010 Zahl		Begriff	
101 111 Zahl		Begriff	
011 000 Zahl		Begriff	
100 110 Zahl		Begriff	
010 011 Zahl		Begriff	

Zu Beginn kann es helfen, sich beim Einprägen die Dezimalzahlen über die Binärzahlen zu schreiben, um aber wirklich schnell zu werden in dieser Disziplin, muss man diese Umwandlung automatisieren. Wenn ich sechs Binärziffern sehe, denke ich normalerweise gar nicht mehr an die zweistellige Zahl, sondern gleich an das Bild, das sich dahinter verbirgt.

Nach der Umwandlung der Binärzahlen in Dezimalzahlen und dann in die entsprechenden Bilder aus Ihrer 100er-Liste verfahren Sie wie gehabt und merken sich die richtige Reihenfolge der Zahlen mit Hilfe der Routenmethode. Die meisten Gedächtnissportler ziehen sich als Hilfe eine senkrechte Linie nach sechs Binärziffern, damit sie die «Zahlengruppen» besser erkennen und leichter, das heißt natürlich vor allem schneller umwandeln und einprägen können.

ES GEHT NOCH WAS ...

Als ich in der zehnten Klasse war, gab es von der Universität Rostock ein Angebot für Schüler, «echte» Vorlesungen als Video im Internet zu verfolgen, um danach auch «echte» Prüfungen zu absolvieren. Da ich vorhabe, Psychologie zu studieren, entschied ich mich im Rahmen dieses Juniorstudiums, das Fach Sozialpsychologie zu «belegen». Ich war erstaunt zu erfahren, wie viel Sozialpsychologie mit Lernen und Gedächtnis zu tun hat, und lernte nun plötzlich das Gedächtnis auf eine ganz andere Art und Weise kennen. Dabei stellte ich fest, wie wenig ich doch als Gedächtnisweltmeisterin über die Funktionsweise, die Struktur und die verschiedenen Teilbereiche des Gedächtnisses wusste.

Zur Theorie des Gedächtnisses

Unter Gedächtnis wird der allgemeinen Definition nach die Fähigkeit verstanden, erworbene Information aller Art zu speichern, zum Teil zu ordnen und in Form der Erinnerung wieder abzurufen. Unterschieden wird die Gedächtnisleistung nach einer zeitlichen und einer inhaltlichen Dimension.[14]

Das sensorische Gedächtnis

Das sensorische Gedächtnis, auch sensorisches Register oder Ultrakurzzeitgedächtnis genannt, speichert vorwiegend Sinneseindrücke für Sekunden oder nur Bruchteile davon. Alles, was wir sehen, hören, riechen und fühlen, wird mit diesem Teil des Gedächtnisses wahrgenommen. Es werden extrem viele Informationen aufgenommen, die aber auch extrem schnell wieder zerfallen. Der hohen Speicherkapazität steht also der Zerfall des Großteils der Informationen gegenüber. Außerdem wird den Informationen beziehungsweise Wahrnehmungen im sensorischen Register noch keine Bedeutung zugeschrieben, das heißt, sie werden nicht bewusst verarbeitet, sondern liegen in roher, unverarbeiteter Form vor. Man nimmt sein Umfeld zwar sehr umfassend wahr, doch geschieht dies weitgehend auf der unbewussten Ebene, die Informationsverarbeitung als Voraussetzung für Erinnerung findet noch nicht statt.

Das Arbeitsgedächtnis

Das Arbeitsgedächtnis, eher bekannt als Kurzzeitgedächtnis, steht im Zentrum der bewussten Informationsverarbeitung. Um nicht sofort wieder zu zerfallen, müssen Informationen aus dem sensorischen Register übertragen und weiterverarbeitet werden – ein Vorgang, den man Enkodierung nennt. Die Reize, die über die Sinnesorgane aufgenommen wurden, werden verschlüsselt. Dieser Prozess beschreibt das Einprägen von Informationen. Die Speicherdauer des Kurzzeitgedächtnisses beträgt nur eine knappe Minute. Für langfristige Speicherung müssen Ergebnisse in das Langzeitgedächtnis übertragen werden.

Das Arbeitsgedächtnis wird auch als «primäres Gedächtnis» bezeichnet, und die darin enthaltenen Informationen fallen in die psychologische Gegenwart, sind uns also bewusst. Aber auch beim Kurzzeitgedächtnis ist, wie der Name schon andeutet, die Zeitspanne, in der Informationen erhalten bleiben können, nicht sehr groß, kann aber zum Beispiel durch subvokales Sprechen, einer Form der Wiederholung, erweitert werden. Durch diese «erhaltende Wiederholung» können Informationen gespeichert werden, auch ohne dass sie in das Langzeitgedächtnis übertragen werden.

Das Langzeitgedächtnis

Ist im alltäglichen Sprachgebrauch von «gutem» oder «schlechtem» Gedächtnis die Rede, ist wissenschaftlich betrachtet das Langzeitgedächtnis gemeint. Denn hier ist alles gespeichert, was wir abrufen können. Die Hauptstadt von Italien, Geburtstage von Freunden, vergangene Urlaubserlebnisse, die Muttersprache – dieses gesamte Wissen, das Weltwissen einer Person, ist im Langzeitgedächtnis gespeichert. Unser Charakter formt sich durch Erinnerungen und Erlebnisse, Begegnungen und Gespräche, Einstellungen und Lebenserfahrung, auf die wir dank unseres Langzeitgedächtnisses in aller Regel jederzeit zugreifen können. Auch beeinflussen Gedächtnisinhalte unsere Urteile und Ansichten. Die Kapazität und Speicherdauer des Langzeitgedächtnisses ist unendlich, jedenfalls wurden noch keine Grenzen entdeckt.

Um Informationen zur langfristigen Speicherung in das Langzeitgedächtnis übertragen zu können, müssen sie einer «elaborierenden Wiederholung», das heißt einer «tieferen Verarbeitung», unterzogen werden, um ihnen dadurch die nötige Bedeutung zu verleihen. Abhängig vom Gedächtnisinhalt wird die dauerhafte Speicherung unterschieden in deklaratives und prozedurales Gedächtnis.

Das deklarative Gedächtnis ist auch unter dem Begriff Wissensgedächtnis beziehungsweise explizites Gedächtnis bekannt und in zwei Teilbereiche gegliedert: Das semantische Gedächtnis enthält das «Weltwissen» einer Person, zum Beispiel Fakten, Regeln und allgemeine Aussagen. Das episodische Gedächtnis, das auch autobiographisches Gedächtnis genannt wird, ist für alle Erinnerungen, die den Lebenslauf betreffen, zuständig. Im episodischen Gedächtnis werden subjektive Erlebnisse zusammen mit Gefühlen gespeichert. Da für bewusste Erinnerungen Sprache notwendig ist, entwickelt sich diese Form des Gedächtnisses frühestens im dritten oder vierten Lebensjahr. Erst wenn der Wortschatz eines Kindes relativ groß und sicher ist, werden semantisches und episodisches Gedächtnis aufgebaut.

Das prozedurale Gedächtnis, auch Verhaltensgedächtnis oder implizites Gedächtnis genannt, ist der Speicher für Fähigkeiten und Fertigkeiten, die automatisch ausgeführt werden, wie beispielsweise Laufen, Fahrradfahren oder Schwimmen. Es handelt sich größtenteils um gespeicherte motorische Bewegungsabläufe, für die wir nach einer gewissen Zeit der Übung unser Bewusstsein nicht mehr brauchen, um sie auszuführen.

Vergessen

Die österreichische Schriftstellerin Marie von Ebner-Eschenbach sagte einmal: «Die Summe unserer Erkenntnisse besteht aus dem, was wir gelernt, und aus dem, was wir vergessen haben.»[15] Das Vergessen, das wohl für die meisten Menschen einen eher negativen Beiklang hat, ist eine wichtige Funktion des Gedächtnisses, zu der verschiedene Theorien existieren, wie beispielsweise die Spurenzerfallstheorie. Danach hinterlässt die Informationsaufnahme und -speicherung eine Gedächtnisspur oder ein Engramm, dessen Stärke mit der Zeit wieder nachlässt. Wenn eine aufgenommene Information nicht wirklich gefestigt ist, weil sie zum Beispiel nicht wiederholt wurde, löst sich die Gedächtnisspur irgendwann auf, ist der Inhalt also vergessen. Im Gegensatz zur experimentell kaum nachweisbaren Spurenzerfallstheorie stellt die sogenannte Interferenztheorie das Vergessen als aktiven Prozess dar. Vergessen wird hier wesentlich auf das Wirken von bestimmten Störfaktoren, die Informationen verdrängen oder überlagern, zurückgeführt. Dabei wird unterschieden zwischen proaktiver und retroaktiver Interferenz. Bei der proaktiven Hemmung führen vorhergehende, den Aufnahme- und Speicherprozess störende Erfahrungen zum Vergessen, bei der retroaktiven Hemmung sind es nachträglich wirkende Störfaktoren.

Eine besondere Form des Vergessens stellt die Verdrängung dar, bei der es sich um eine unbewusste Informationsunterdrückung, einen Schutzmechanismus, handelt, mit dessen Hilfe man bedrohliche Inhalte abwehren und Triebansprüche unterdrücken kann. Doch gleichgültig, wodurch das Abhandenkommen von Gedächtnisinhalten letztlich verursacht ist, in einem Punkt sind sich alle Gedächtnisforscher einig: Das Vergessen ist eine Schutzfunktion des Gehirns, durch die «überflüssige», womöglich auch «störende» Informationen gelöscht werden und die Gehirnleistungskapazität für neue unbewusste und bewusste Denkprozesse zur Verfügung steht.

Mnemotechnik als genialer Umweg

Die Mnemotechnik fängt da an, wo die natürliche Merkfähigkeit aufhört. Sie dient als Instrument, um viel Information besser und immer schneller aufzunehmen.
Niemand wird es schaffen, sich Hunderte von Zahlen
ohne Zuhilfenahme einer Methode einzuprägen. Erst die
Gedächtnistechniken machen es möglich, sich Mengen
an Informationen zu merken, die man sich sonst niemals
einprägen könnte. Und aus diesem Grund machen Gedächtnissportler den «Umweg», scheinbar komplizierte
Techniken zu erlernen, um darüber ihr Gedächtnis zu
Höchstleistungen zu bringen.

Ich habe schon viele Menschen – auch junge – erlebt,
die Probleme damit haben, sich auf die Techniken einzulassen. «Ich kann das nicht», behaupten sie, ohne es auch
nur einmal versucht zu haben. Und wenn ich erkläre, auf
welche Weise ich mir beispielsweise Zahlen merke, also
mit Hilfe von Routenmethode und Mastersystem, ist der
häufigste Einwand: «Das ist doch viel zu kompliziert!»
Mag sein, dass einige der Mangel an Phantasie hindert,
sich auf das Experiment einzulassen und eine Merkmethode wenigstens auszuprobieren. Jedenfalls habe ich
festgestellt, dass viel besser als jede Erklärung über Sinn
und Zweck einer Technik immer noch die praktische An-
schauung ist.

Ich wurde einmal gebeten, einen «Gedächtnis-Work-
shop» für Kinder in meiner Heimatstadt zu geben. Es war
interessant zu sehen, wie die Techniken bei Kindern ankommen. Obwohl sie allesamt nicht gerade so aussahen,
als wären sie freiwillig gekommen und viele Jungs sich
ganz demonstrativ für «zu cool» dafür hielten, machte
es ihnen am Ende doch Spaß, sich Geschichten aus-

zudenken. Gerade Kinder zeigen sich noch am ehesten bereit, solche Phantasiespiele und Gedankenexperimente mitzumachen – ein Grund mehr, sie so früh wie möglich mit der Mnemotechnik vertraut zu machen, sodass sie ihnen sozusagen in Fleisch und Blut übergehen kann. Erwachsene tun sich – wie in vielem – auch hier schwerer. Ein anderes Mal wurde ich von einer Firma gebucht, um 20 Erwachsenen in eineinhalb Stunden einige Gedächtnistechniken beizubringen. Für eine 16-Jährige eine ziemliche Herausforderung, die ich aber instinktiv ganz gut gemeistert habe. Ich hatte mich – auch um mir selbst mehr Sicherheit zu verschaffen – entschlossen, gleich zu Beginn dieses Kurseminars etwas vorzuführen, und ließ ein paar Teilnehmer jeweils sechs Binärziffern an die Tafel schreiben, um sie zu memorieren. Nachdem ich alle Ziffern korrekt wiedergegeben hatte, waren alle zumindest so aufgeschlossen, dass sie mein «Mitmachangebot» bereitwillig annahmen.

Immer noch ist der Gedächtnissport viel zu unbekannt, um eine wirkliche Breitenwirkung zu entfalten, sprich viele Menschen zu begeistern, wenigstens so weit, dass sie ihn als Hobby betreiben. Dabei wäre es für die meisten gar nicht so schwer, sich die Grundlagen entweder selbst zu erarbeiten oder von einem Gedächtnistrainer – von denen es inzwischen eine ganze Reihe gibt – beibringen zu lassen. Es muss ja nicht immer und sofort um Höchstleistung und Weltmeisterschaften gehen. Aber gerade heutzutage, wo immer mehr Informationen immer schneller verarbeitet werden müssen, können zuverlässig funktionierende Techniken, die das Merken und die Konzentration unterstützen, geradezu segensreich wirken. Der Aufwand, den man betreiben muss, um sie sich anzueignen, steht in keinem Verhältnis zur effektiven Entlastung, die sie bei erfolgreicher Anwendung bringen. Es gibt, wie Sie bis hierher gesehen haben, viele gute bis sehr gute Gründe, die für die Mnemotechnik sprechen. Dagegen kenne ich keinen – zumindest keinen plausiblen –, der wirklich gegen sie spräche.

Deutsche Meisterschaft 2009

Im Sommer 2009 stand erneut die Deutsche Gedächtnismeisterschaft an, diesmal in Hamburg. Es waren vor allem bei den Erwachsenen einige Newcomer dabei. Als amtierende deutsche Gedächtnismeisterin der Junioren wollte ich natürlich meinen Titel verteidigen und den Wanderpokal wieder mit nach Hause nehmen. Das war allerdings schwerer als erwartet: Ich hatte mich zwar deutlich gesteigert, meine Konkurrenten aber auch. Und so kam es, dass zwei neue Junioren-Weltrekorde aufgestellt wurden – beide jedoch nicht von mir. Dennoch war ich mit den Ergebnissen in fast allen Disziplinen sehr zufrieden. Ich stellte zwei neue deutsche Rekorde auf und konnte meine Trainingsergebnisse weitgehend bestätigen. Am Ende war ich auf Platz 1, aber das war nicht der Hauptgrund, der mich so glücklich stimmte: Es war das erste Mal, dass ich nach einem Wettkampf vollkommen zufrieden mit meiner Leistung war. Endlich hatte ich ausreichend Erfahrung, um bei Wettkämpfen deutlich mehr als – wie bisher – nur die Hälfte meines Trainingsergebnisses zu erreichen. Bei manchen Disziplinen erreichte ich sogar neue persönliche Rekorde. Das war ein sehr gutes Gefühl.

Das Highlight dieser Meisterschaft war Ben Pridmore, der amtierende Gedächtnisweltmeister der Erwachsenen, der aus England angereist war, um sein Glück bei der Deutschen Meisterschaft zu versuchen. Neben der normalen Wertung gibt es zusätzlich eine «German Memo Open», bei der man auch als Ausländer punkten kann. Bei der letzten Disziplin, dem Kartensprint, verbesserte Ben Pridmore seinen Weltrekord: Er schaffte es, sich ein Kartenspiel mit 52 Spielkarten in weniger als 25 Sekunden einzuprägen und richtig wiederzugeben.

Die Disziplin «Karten»

Der Kartensprint ist die letzte und gleichzeitig die spannendste Disziplin bei jeder Meisterschaft und wird daher auch die «Königsdisziplin des Gedächtnissports» genannt. Es ist die einzige Disziplin, bei der es nicht darum geht, sich möglichst viele Informationen in einer bestimmten Zeit, sondern eine bestimmte Menge – ein Kartenspiel mit 52 Karten – in möglichst kurzer Zeit der vorgegebenen Reihenfolge nach einzuprägen. Die Einprägephase dauert höchstens fünf Minuten, die bei Meisterschaften aber kaum jemand braucht; von jedem Teilnehmer wird die benötigte Zeit individuell gestoppt.

Da «Karten» immer als letzte Wettkampfdisziplin durchgeführt wird, ist sie auch fast immer die alles entscheidende. Für die Gesamtwertung werden alle Einzelergebnisse eines Wettkampfes addiert, und nicht selten sind die Endpositionen nach dem Kartensprint ganz anders als erwartet. Das liegt vor allem an der Zeitwertung. Wenn man sich ein Kartenspiel in 30 Sekunden einprägt und es richtig wiedergibt, bekommt man ungefähr 1000 Punkte, was enorm viel ist. Wenn man allerdings bei der Wiedergabe zwei Karten vertauscht, also einen oder mehrere Fehler hat, zählt als Einprägezeit automatisch 5 Minuten, und man bekommt kaum noch Punkte dafür. Man muss also gut kalkulieren: Oft bringt man sich durch einen sicheren Durchgang in einem langsameren Tempo weiter, als wenn man mit einer sehr kurzen Zeit das Risiko eingeht, einen Fehler zu machen. Und natürlich hängt das eigene «Glück» auch vom Vorgehen der Konkurrenten ab, deren Bestzeiten häufig bekannt sind. Glücklicherweise gibt es beim Kartensprint zwei Durchgänge, von denen der bessere zählt. Man hat also auf jeden Fall die Möglichkeit, sich Punkte zu sichern, bevor man auf Risiko «spielt».

Für die Wiedergabe bekommt man einen normal sortierten Kartenstapel, den man innerhalb von fünf Minuten in die Reihenfolge des zuvor memorierten Kartenspiels bringen muss. Gezählt wird die Anzahl der bis zum ersten Fehler richtig gelegten Karten. Ist der gesamte Kartenstapel in der richtigen Reihenfolge wiedergegeben, geht die Zeit als «Bonus» mit in die Wertung ein, im Fall eines Fehlers werden fünf Minuten als Memorierzeit angenommen.

Bei meiner ersten Meisterschaft hatte ich erhebliche Probleme in dieser Disziplin, wohl hauptsächlich deshalb, weil ich bis dahin nur am Computer und nie mit richtigen Karten trainiert hatte. Die Einprägephase verlief sogar noch einigermaßen gut: Ich brauchte für das gesamte Kartenspiel fünf Minuten, was für mich damals eine sehr gute Leistung war. Dafür bekam ich bei der Wiedergabe umso größere Probleme. Ich hatte nicht realisiert, dass auch hierfür nur fünf Minuten zur Verfügung standen, und stellte die Karten mit aller Sorgfalt zusammen, als plötzlich und für mich völlig unerwartet alle Stoppuhren klingelten. Ich hatte erst ein Drittel der Karten in die richtige Reihenfolge gebracht. Den Rest hatte ich zwar im Kopf ebenfalls korrekt sortiert, nur brachte mir das keine Punkte ein.

Bei der Deutschen Meisterschaft gibt es außerdem einen Spielkartenmarathon, bei dem die Einprägephase über 30 Minuten geht und für die Wiedergabe 60 Minuten zur Verfügung stehen. Die Zeiten sind noch einmal verdoppelt bei der Weltmeisterschaft, also 60 Minuten Einprägen und 120 Minuten Wiedergabe. Beim Marathon geht es darum, sich so viele gemischte Kartenspiele wie möglich einzuprägen und entsprechend wiederzugeben. Während ich bei der Weltmeisterschaft als Teilnehmerin aus der Altersgruppe der Jugendlichen 12 Kartenspiele auf meinem Tisch verteilte, gab es einige Erwachsene, die sich an 20 Stapel wagten, und einen Teilnehmer, der auf seinem Tisch 36 Kartenstapel liegen hatte. Zum Glück sagt die Regel bei diesem Marathon, dass die Reihenfolge der Karten schriftlich wiedergegeben werden muss. Man ist also nicht gezwungen, wild draufloszusortieren.

Diese Disziplin mag ich mit Abstand am wenigsten von allen. Vielleicht liegt es daran, dass ich bei meiner ersten Weltmeisterschaft null Punkte bekam, obwohl ich mir 12 Kartenspiele eingeprägt hatte. Im Training klappt der Kartenmarathon einigermaßen, bei Meisterschaften aber kommt es meist zu für mich peinlichen Ergebnissen.

Auf der Abendveranstaltung der Gedächtnismeisterschaft führte Christopher Beeg, auch ein aktiver Gedächtnissportler, sein Können im Kalenderrechnen vor. Innerhalb weniger Sekunden kann er zum Beispiel anhand eines Geburtsdatums bestimmen, an welchem Wochentag die betreffende Person geboren ist.

Kalenderrechnen

Kalenderrechnen ist eigentlich eine Disziplin bei den Kopfrechenmeisterschaften. Die Menschen, die es beherrschen und dazu spezielle Techniken anwenden, haben einen Kalender im Kopf. Sie müssen nicht nachschauen, an welchem Wochentag ihr Geburtstag in einem der folgenden Jahre sein wird – sie können ihn berechnen, genau wie sie für jedes Datum den zugehörigen Wochentag berechnen können, sofern es zwischen 1600 und 2100 liegt. Da es bis zum ausgehenden 16. Jahrhundert keinen einheitlichen Kalender gab, ist die Rechnung für die Jahrhunderte davor komplizierter. Nehmen Sie aber beispielsweise den 5. November 1845, und die «Kalenderrechner» sagen Ihnen innerhalb weniger Sekunden, dass dieser Tag ein Freitag war.

Bei der von John Horton Conway entwickelten «Doomsday-Methode», die Christopher Beeg benutzte, ist der

Stichtag eines Jahres Ausgangspunkt für die Berechnung. Dieser Stichtag ist immer der letzte Tag im Februar, also entweder der 28. oder der 29. Februar, zu dem man den entsprechenden Wochentag wissen muss, um weitere Tage berechnen zu können. Im Jahr 2009 war der Stichtag ein Samstag, 2010 ist es ein Sonntag, und 2011 wird es ein Montag sein. Damit die Methode funktioniert, braucht man für jeden Monat im Jahr einen weiteren Tag, der immer der gleiche Wochentag ist wie der Stichtag. Das sind zum einen der 4. 4., der 6. 6., der 8. 8., der 10. 10. und der 12. 12., also alle geraden Zahlen im Doppel (außer dem 2. 2.). Dazu kommen der 9. 5. und der 5. 9., die man sich damit merken kann, dass die meisten Leute von 9 Uhr morgens bis 5 Uhr nachmittags arbeiten, und der 7. 11. und der 11. 7., gut zu merken mit den englischen Reimwörtern «seven» und «eleven». All diese Tage waren folglich im Jahr 2009 ein Samstag, sind 2010 ein Sonntag und werden 2011 ein Montag sein. Sie stimmen also mit dem letzten Tag im Februar dieser Jahre, dem Stichtag, überein. Und jetzt sind Sie schon in der Lage, fast jeden Tag dieser drei Jahre auszurechnen. Hier ein Beispiel:

3. November 2010
2010 ist der Stichtag ein Sonntag, das heißt, auch der 7. 11. ist ein Sonntag, folglich ist der 3. 11. ein Mittwoch.

Auch für die Monate Januar und März, die bis jetzt ausgelassen wurden, gibt es je einen Wochentag, der mit dem Stichtag des Jahres übereinstimmt. Für den Januar gilt die Regel, dass es in Schaltjahren der 4. 1., ansonsten der 3. 1. ist. Schaltjahre sind immer daran zu erkennen, dass die letzten zwei Stellen der Jahreszahl durch vier teilbar sind beziehungsweise im Falle von zwei Nullen am Ende die ersten beiden Stellen. Und schließlich gilt für den März ganz einfach, dass ausgehend vom letzten Tag im Februar als Stichtag immer der 7. 3. der gleiche Wochentag ist.

Mit der Information, dass der Stichtag 2010, der 28. 2. also, ein Sonntag ist, folglich also auch der 3. 1., der 7. 3., der 4. 4., der 9. 5., der 6. 6., der 11. 7., der 8. 8., der 5. 9., der 10. 10., der 7. 11. und der 12. 12. 2010, können Sie nun alle anderen Tage problemlos berechnen.

Um nun alle Wochentage aus allen Jahren der Jahrhunderte ausrechnen zu können, muss man zunächst den jeweiligen Stichtag erst ausrechnen. Und für diese Rechnung braucht man den jeweiligen Stichtag der Jahrhunderte, den Sie sich schlicht merken müssen:

1800 – Freitag
1900 – Mittwoch
2000 – Dienstag
2100 – Sonntag

Der dann folgende Rechenvorgang ist am einfachsten an einem Beispiel verständlich zu machen. Versuchen wir also, den Stichtag des Jahres 1957 herauszufinden.

Man nimmt die letzten beiden Stellen des Jahres, in diesem Fall also 57, und teilt sie durch 12, was 4 Rest 9 ergibt; dann teilt man den Rest durch 4 und erhält 2 Rest 1 (der aber unwesentlich ist); danach addiert man aus der ersten Division (57:12) das Ergebnis 4 und den Rest 9, bekommt also 13, und zählt die 2 aus dem zweiten Ergebnis dazu, erhält also 15; davon zieht man 7 ab und erhält 8, die man zum Stichtag des Jahrhunderts dazuzählt. Der Stichtag für 1900 ist ein Mittwoch, acht Tage später ist Donnerstag. Der 28. Februar und damit der Stichtag des Jahres 1957 war also ein Donnerstag. Diese Rechenschritte bleiben immer gleich, man sollte sie sich also einprägen, um so die Stichtage bestimmter Jahre errechnen zu können.

Die schnellsten «Kalenderrechner» brauchen zwischen 1 und 2 Sekunden pro Datum. Um das zu schaffen, muss man extrem viel üben und die Stichtage mancher Jahre auswendig wissen.

Weltmeisterschaft 2009

Das neue Schuljahr 2009 war gleichzeitig der Beginn eines neuen, besser gesagt des letzten Schulabschnitts für mich: Ab jetzt zählten alle Leistungen und Wertungen für das Abitur. Mehr Lernstress in der Schule bedeutete zwangsläufig weniger Zeit für mein Training. Obwohl ich schon einen Trainingsplan erstellt hatte, kam ich erst in den Herbstferien dazu, mich weiter fit zu machen, und das auch nur für eine Woche. Die Zeit bis zur nächsten Weltmeisterschaft war schon denkbar knapp, es reichte gerade noch, jede Disziplin einmal, bestenfalls zweimal bis dahin zu trainieren. Zwei Abende vor dem Wettkampf stellte ich zu allem Überfluss auch noch fest, dass ich nicht einmal meine Routen – das wichtigste Merksystem für eine Weltmeisterschaft – sicher beherrschte.

Anfang November flog ich also zur 18. Gedächtnisweltmeisterschaft nach London. Die Reisezeit in Zug und Flugzeug nutzte ich nicht etwa zur Entspannung, sondern zum intensiven Lernen meiner Routen. Obwohl ich dem Wettkampf eher ängstlich entgegengesehen hatte, freute ich mich, als ich in London angekommen war, dann doch darauf. Ich redete mir ein, dass ich nicht unbedingt meinen Titel verteidigen müsse und schließlich dabei zu sein alles sei. Doch wenn ich ehrlich war, wollte ich haargenau meinen Titel als Jugendweltmeisterin verteidigen, und nicht nur das, ich wollte es auch unter die Top Ten (der Erwachsenen) schaffen sowie über 6000 Punkte in der Gesamtwertung erreichen. Aber mir war klar, dass man für solche Ziele härter arbeiten muss, als ich es getan hatte. In dem Hotel, das Austragungsort war, fielen mir bei der Registrierung viele neue Gesichter auf, aber es waren auch einige dabei, die ich schon vom letzten Jahr kannte. Nachdem alle Teilnehmer registriert waren, folgte wie beim letzten Mal das «Competitor Briefing», in dem die Regeln noch einmal erklärt wurden.

Am nächsten Morgen ging es los. Um 8 Uhr 30 sollte der Wettkampf von Tony Buzan eröffnet werden. Wieder war «alles» anstrengend: die vielen Leute, die langen Marathons, die Kamerateams, die einem die kurzen Pausen zusätzlich verkürzten. Vielleicht war es auch der Ärger, dass es wieder einmal nicht so funktionierte, wie ich es wollte. Ein anderer Teilnehmer aus Deutschland stellte sich außerdem noch als harter Konkurrent heraus. Er war erstaunlich gut in den langen Disziplinen, die meine große Schwäche sind. Als ich jedoch zwei neue Jugendweltrekorde in «Abstrakte Bilder» und «Namen und Gesichter» aufstellte, war mein Selbstvertrauen wieder gestärkt. Mit meinem Ergebnis in «Namen und Gesichter» ergatterte ich sogar die Bronzemedaille unter allen Teilnehmern. Und ich war lange Zeit auf Platz 10 der Gesamtwertung, allerdings kam ich am Ende nur auf Platz 11, schaffte es also nicht unter die Top Ten. Auch über die 6000-Punkte-Marke kam ich nicht hinaus, immerhin aber gelang es mir, wieder «Junior World Champion» zu werden. Und am stolzesten war ich auf mein Ergebnis in der Disziplin «Wörter», die am letzten Tag stattfand: Mit 244 richtig wiedergegebenen Wörtern und einem neuen Jugendweltrekord holte ich sogar die Goldmedaille!

Die Disziplin «Wörter»

Lautstärke	Luke	Taxi
Hilfe	Tachometer	Waage
Anstrich	Stab	Deich
Meteor	Leichnam	Zettel
Leguan	Wecker	Kredit
Lift	Privatsender	Stuhl
Grotte	Riegel	Beilagen
Sirup	Kabine	Autogramm
Archiv	Beispiel	Perücke
massieren	Baden	Ratte

Bei Weltmeisterschaften muss man sich in dieser Disziplin in 15 Minuten so viele Wörter wie möglich in der richtigen Reihenfolge einprägen. Die Methode kennen Sie: Man stellt sich die Wörter bildlich vor und verknüpft sie dann phantasievoll mit einem Routenpunkt. Allerdings handelt es sich bei den Wörtern nicht nur um Substantive, sondern in den Listen tauchen auch Adjektive und Verben, sogar konjugierte Verbformen auf. Außerdem kommen auch abstrakte Begriffe vor, bei denen die Visualisierung schwerfällt, wie zum Beispiel «Gedanke» oder «Verwirrung». Ebenso können komplizierte Fremdwörter, die man nicht kennt, oder auch absichtlich falsche Schreibweisen, die man genau so memorieren muss, dabei sein.

Die Abzugsregeln sind sehr streng. Bei nur einem Fehler wird die Hälfte der möglichen Punktzahl einer Spalte abgezogen. Da in einer Spalte immer 20 Wörter stehen, bekommt man mit einem Fehler also nur 10 Punkte, auch wenn man beispielsweise nur einen Buchstaben in einem Wort vergessen hat oder statt des Plurals den Singular eines Wortes angegeben hat.

Vorbereitungen

Nun, da Sie alle Methoden – Geschichtenmethode, Schlüsselwortmethode, Routenmethode, Mastersystem – und auch alle Disziplinen im Gedächtnissport kennengelernt haben, sind Sie im Grunde bereit für einen großen Testlauf. Worum es in der Mnemotechnik grundlegend geht, nämlich um Phantasie und Kreativität, um Geschichten und Assoziationen, ist Ihnen inzwischen geläufig, desgleichen hoffentlich auch der Grundsatz, dass das Training des Gedächtnisses nicht ein weiterer von außen vorgegebener Leistungsdruck sein soll, sondern die selbstbestimmte Ausschöpfung des eigenen Lernpotenzials. Denn wenn Sie sich noch einmal die oben dargestellten Prinzipien, nach denen unser Gedächtnis funktioniert, vergegenwärtigen, werden Sie erkennen, dass für effektives Merken und Lernen lediglich bestimmte Aspekte unseres Denkens aufgegriffen und bewusst genutzt werden müssen. Zu diesen Aspekten zählen die sogenannten «sieben mnemotechnischen Mentalfaktoren», die Dr. Gunther Karsten in seinem Buch *Erfolgsgedächtnis*[16] beschreibt:

1. Phantasie
   Das unwillkürliche Vorstellen von Dingen. Unser Geist ist kreativ – wir müssen ihn nur lassen.
2. Visualisation
   Das bewusste Vorstellen von Dingen im Kopf.

3. Logik
   Das Erkennen von Zusammenhängen in einem bestimmten Komplex.
4. Emotion
   Emotionale Momente prägen uns – und bleiben im Gedächtnis.
5. Transformation
   Die «Umwandlung» von abstrakten Informationen in Bilder.
6. Lokalisation
   Das Verwenden der Routenmethode. Diese «Orte» helfen, Erinnerungsinhalte zu ordnen.
7. Assoziation
   Die Fähigkeit, Dinge miteinander zu verknüpfen.

Wie bereits gesagt, bleiben vor allem die Bilder von emotional stark behafteten Erlebnissen und Gedanken gut und lange in Erinnerung. Ein Hinweis also darauf, welchen Stellenwert Gefühle und Emotionen für unser Denken haben – sie können es beflügeln, aber auch blockieren. Freude und Glück lassen die Assoziationen nur so sprudeln, Angst und Nervosität hindern den freien Lauf der Gedanken. Dieser letztlich banale Zusammenhang, dass also unsere Gefühlswelt unser Denken steuert und umgekehrt, macht man sich in der Mnemotechnik zunutze, indem man möglichst starke, eindrucksvolle Bilder erzeugt, die emotionale Reaktionen auslösen, die wiederum die Merkfähigkeit steigern. Im Gedächtnissport lohnt es sich deshalb, auch einfache Bilder durch Emotionen theatralisch aufzupeppen und dramatisch wirken zu lassen. Etwa so wie in den folgenden Beispielen:

Kreuz 2 → Zahn	Am Zahn eines Jungen wird ein Faden befestigt, um damit den Zahn mit einem Ruck äußerst schmerzhaft herauszuziehen.
Kreuz 4 → Zirkel	Mit dem Zirkel steche ich in Gedanken grundsätzlich voller Wut in jeden Routenpunkt.
Kreuz 5 → Ziel	Nach einem erschöpfend langen Lauf erreiche ich voller Erleichterung und Freude die Ziellinie.
Kreuz A → Zeit	Eine gigantische Uhr versetzt mich in ungeheuren Zeitstress, und ich renne in großer Aufregung durch die Gegend.
Pik 6 → Pech	Ich schmiere den Routenpunkt mit den Händen mit ekligem Pech ein.
Herz 2 → Hand	Auf dem dazu passenden Routenpunkt liegt eine abgehackte bluttriefende Hand.
Karo 6 → Kuchen	Eine Unmenge an Kuchen ist vor mir aufgebaut, und mich überkommt ein derartiger Heißhunger, dass ich mit dem ganzen Körper in dem Kuchen wühle und mir den Mund vollstopfe.
14 → Tier	Ein Tier schleicht in meiner Nähe umher, ich kann es aber nicht sehen, bekomme deswegen eine Panikattacke und schreie verzweifelt.
27 → Nokia (Handy)	Mein Handy klingelt mit einem außerordentlich nervigen Klingelton, sodass ich es an die Wand werfe, damit es verstummt.
40 → Reis	Es findet eine Schlammschlacht mit ekelhaft schleimigem Reis statt.

49 → Raupe	Es gibt eine Raupenplage, und der gesamte Routenpunkt ist übersät mit kleincn grünen Raupen.
50 → Los	Ich ziehe ein Los und habe einen tollen Gewinn, über den ich mich so sehr freue, dass ich jubelnd in die Luft springe.
70 → Kuss	Ein Paar, das sich leidenschaftlich küsst.
71 → Kette	Ich habe meine Kette verloren, krieche deswegen panisch aufgeregt auf dem Boden herum, um sie zu suchen.

Scheuen Sie sich nicht davor, sich eklige, absurde, komische oder auch erotische Bilder auszudenken. Sie sind nichts anderes als Mittel zum Zweck, denn: Die stärksten Bilder merkt man sich am besten.

Was Ihnen für den «großen Gedächtnistest», der Sie im folgenden Kapitel erwartet, nur noch fehlt, sind zusätzliche Routenpunkte. Um wirklich alle Merktechniken anwenden zu können, benötigen Sie deutlich mehr als die 20 Routenpunkte, die Sie bereits angelegt haben. Ich würde Ihnen raten, 100 bis 150 Punkte festzulegen – die werden Ihnen mit Sicherheit für eine längere Zeit ausreichen. Um sie zusammenzustellen, ist weniger Aufwand erforderlich, als es im ersten Moment vielleicht erscheint: Nehmen Sie Ihre Wohnung oder Ihr Haus – möglicherweise kommen Sie damit schon auf die nötige Anzahl Routenpunkte. Wenn nicht, fügen Sie Punkte von Ihrem Weg zur Arbeit, zur Schule, zum Ausbildungsort hinzu oder wählen markante oder Ihnen angenehme Plätze, Gebäude und Orte in Ihrer Stadt. Sie wissen ja: Der Phantasie sind keine Grenzen gesetzt.

Wichtig ist, dass Sie jeden Punkt aufschreiben und

nummerieren. Ich habe meine sämtlichen Routenpunkte in einem Heft aufgeschrieben, alle Routen nacheinander. Jede abgeschlossene Route hat ihren Ort als Überschrift, also zum Beispiel «Haus» oder «Korsika». Die einzelnen Punkte habe ich von 1 bis 2000 fortlaufend durchnummeriert. So kann ich jederzeit nachschlagen, wo einzelne Routenpunkte oder auch Abschnitte liegen.

Sie können sich zur Erinnerung noch einmal die Tipps zum Anlegen neuer Routen auf den Seiten 34/35 durchlesen, bevor Sie in den Test starten.

Der große Gedächtnistest

Jetzt sind Sie optimal vorbereitet, um sich dem großen Gedächtnistest zu stellen. Sie haben genügend Routenpunkte und kennen die Prinzipien, nach denen Sie sich Informationen mit Hilfe von Gedächtnistechniken einprägen können. Für den Fall, dass Sie sich in der einen oder anderen Technik noch nicht sicher genug fühlen, gehen Sie die entsprechenden Erklärungen noch einmal durch. Mit Ausnahme der «Zahlensinfonie», die ich für zu schwierig halte – zumindest für den Anfang –, werden Sie im Folgenden alle Disziplinen, die ich erläutert habe, ausprobieren können.

Für den Gedächtnistest brauchen Sie:
- eine Stoppuhr oder eine andere Uhr, bei der man die Minuten gut ablesen kann;
- die Routenpunkte (Sie können für den Anfang Ihre Notizen beim Einprägen benutzen);

- die 100er-Liste für Zahlen (auch hier können Sie während der Aufgabe Ihre Liste zu Hilfe nehmen);
- die Liste für Karten (Sie können auf Seite 58 ein Lesezeichen ins Buch legen, um beim Einprägen und bei der Wiedergabe nachzusehen);
- einen Stift.

Sie werden für die Disziplinen insgesamt rund eineinhalb Stunden brauchen, müssen Sie aber natürlich nicht am Stück durchgehen. Vielleicht ist es sogar besser, wenn Sie Ihrem Kopf zwischendurch eine Pause gönnen.

Nun bleibt mir nur noch zu sagen: «Auf die Zellen – fertig – los!»

Die Disziplin «Wörter»

Verwenden Sie für diese Disziplin Ihre ersten Routenpunkte und versuchen Sie wie immer, phantasievolle
Verknüpfungen zu bilden. Gehen Sie alle Verknüpfungen
mehrmals in der Einprägezeit durch, damit Sie die Wörter
sicher im Gedächtnis haben. Prägen Sie sich so viele Wörter ein, wie Sie problemlos schaffen können, von oben
nach unten, also spaltenweise.

Einprägen

Einprägezeit: 5 Minuten

Flamme	Reißwolf	Geld
Schmerz	Appetit	Wut
Radar	Eigensinn	Gitarre
Genick	Versprechen	Ufer
Straße	Trauern	Jute
Schrift	Gulasch	Erregung
Kompott	Friede	Garn
Triangel	Baden	Bild
Klebeband	Laptop	Kreis
Melancholie	Winter	Sache
Professor	Schmelzen	Bunker
Schlag	Funzel	Pollen
Fanfare	Fasching	Hilfe
Gelenk	Vogel	Brust
Bienen	Tritt	Kette
Gräber	Promenade	Karaffe
Brachvogel	Adel	Folie
Hallenharfe	Gladiole	Nelke
Sandale	Pulsieren	Scherbe
Striezel	Ulme	Weinglas

Wiedergabe

Gehen Sie in Gedanken wieder die Routenpunkte ab und schreiben Sie die eingeprägten Wörter hier auf:

_____ _____ _____

_____ _____ _____

_____ _____ _____

_____ _____ _____

_____ _____ _____

_____ _____ _____

_____ _____ _____

_____ _____ _____

_____ _____ _____

_____ _____ _____

_____ _____ _____

_____ _____ _____

_____ _____ _____

_____ _____ _____

_____ _____ _____

_____ _____ _____

_____ _____ _____

_____ _____ _____

_____ _____ _____

Kontrollieren Sie, wie viele Wörter Sie richtig wiedergegeben haben. Geben Sie sich für jedes Wort, das an der richtigen Stelle steht, einen Punkt. Für Fehler gibt es keine Abzüge.

Punktzahl:_____

Die Disziplin «Zahlen»

Bevor Sie mit der Aufgabe beginnen, können Sie zunächst zur Auffrischung noch einmal Ihre persönliche 100er-Liste gedanklich oder auf dem Papier durchgehen. Wenn Sie noch zu unsicher sind, legen Sie zum Einprägen Ihre Liste vor sich. Nehmen Sie sich nur so viele Zahlen vor, wie Sie meinen, sich einprägen zu können. Bei den Routenpunkten fahren Sie dort fort, wo Sie für die Wörter aufgehört haben, und prägen sich diesen Routenpunkt gut ein. Auch hier sollten Sie den Einprägedurchgang mehrmals wiederholen.

Einprägen

Einprägezeit: 5 Minuten

```
1342567047853364429873402456706727802581
1573789765391456377854173758290048015332
0786463814298634627090682457272096327610
```

Wiedergabe

Schreiben Sie jetzt die Zahlen auf, die Sie sich gemerkt haben. Falls Sie eine Zahl nicht wissen, sollten Sie sie zunächst auslassen und mit der Wiedergabe fortfahren. Sobald Sie alle Zahlen, die Sie erinnern, aufgeschrieben haben, können Sie die Lücke (oder Lücken) versuchen zu füllen, indem Sie Ihre 100er-Liste im Kopf oder auf dem Papier noch einmal durchgehen. Wenn Sie bei dem Bild zum leeren Routenpunkt kommen, wird Ihnen die Zahl höchstwahrscheinlich wieder einfallen.

_____

_____

_____

_____

_____

_____

Für jede Zahl, die an der richtigen Stelle steht, geben Sie sich einen Punkt.

Punktzahl:_____

Die Disziplin «Namen und Gesichter»

Zur Entspannung eine Disziplin, bei der Sie die Routenmethode nicht brauchen. Suchen Sie die Gesichter aus, die Sie sich merken wollen (am besten kreuzen Sie sie an) und gehen Sie die Namen und Gesichter, für die Sie sich entschieden haben, mehrmals durch. Versuchen Sie dabei, einen Ankerpunkt, also etwas Auffälliges, Spezifisches, in den einzelnen Gesichtern und dann für die Vor- und Nachnamen Schlüsselwörter zu finden, die Sie mit Hilfe des Ankerpunkts zu einem Merksatz verbinden.

Einprägen
Einprägezeit: 5 Minuten

Ingo Mann

Gisela Galler

Käthe Baumgart

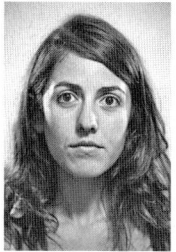

Sophie Raumiller

Martina Ils

Gregor Saumweber

Aron Mauser

Xenia Eckl

Ulf Bosch

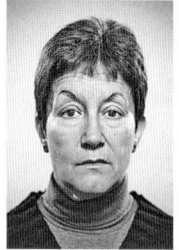

Anette Dietrich

Maik Stöckle

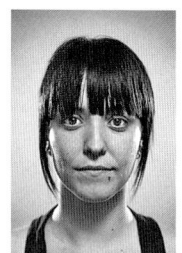

Luise Lipp

Ralf Mangold

Anna Späth

Leon Kugelmann

Waltraut Giese

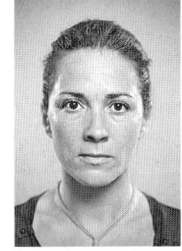

Rita Röse

Ulrich Megg

Irene Rüggenmann

Detlef Doere

Wiedergabe

Schreiben Sie jetzt den zugehörigen Namen unter die Gesichter, die Sie sich eingeprägt haben.

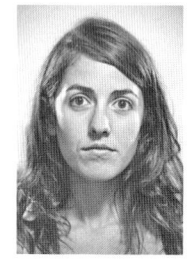  

 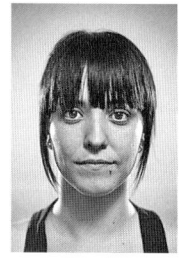 

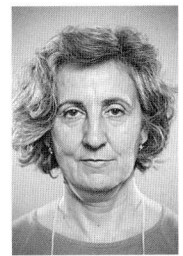  

_____   _____   _____

_____   _____   _____

 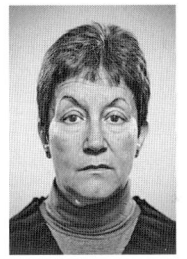

_____   _____

Wenn Sie sicher sind, dass Ihnen keine Namen mehr einfallen, können Sie sich wieder kontrollieren. Jeder korrekte Vorname und jeder richtig geschriebene Nachname
ergibt einen Punkt.

Punktzahl:_____

Die Disziplin «Binärzahlen»

Vergewissern Sie sich noch einmal, wie man die Binärzahlen in Dezimalzahlen umwandelt, und dann kann es losgehen. Jetzt brauchen Sie wieder Ihre Routenpunkte. Machen Sie dort weiter, wo Sie bei den Zahlen aufgehört haben. Niemals Routenpunkte in kurzer Zeit doppelt belegen! Ziehen Sie zur besseren Orientierung immer nach sechs Ziffern eine vertikale Linie, insgesamt also vier Linien. So können Sie die Zahlengruppen besser erkennen und geraten nicht durcheinander.

Einprägen

Einprägezeit: 5 Minuten

```
Reihe 1   | 0 1 0 1 1 0 1 0 1 1 0 0 1 0 1 1 1 0 0 1 0 0 0 1 1 0 1 0 1 0
Reihe 2   | 1 0 0 0 1 1 1 0 1 0 1 0 0 1 1 1 0 1 0 0 0 1 1 0 1 0 1 0 1 0 1 1
Reihe 3   | 0 1 1 0 1 1 0 1 0 1 1 0 0 1 0 1 1 1 0 1 1 1 0 0 0 1 0 1 1 0
Reihe 4   | 1 0 0 1 0 0 1 0 1 0 0 1 1 0 1 0 0 0 1 0 0 0 1 1 1 0 1 0 0 1
Reihe 5   | 1 1 0 0 1 0 1 0 1 1 1 0 0 0 1 0 1 0 1 1 0 0 1 1 0 1 0 1 0 1
Reihe 6   | 0 0 1 1 0 1 0 1 1 0 0 1 1 0 1 1 1 0 0 1 0 1 0 1 1 0 0 0 1 0
```

Wiedergabe

Auch hier können Sie bei Erinnerungslücken wieder so vorgehen wie bei den Dezimalzahlen: Sie gehen Ihre 100er-Liste durch und denken dabei an den «leeren» Routenpunkt. Wenn Sie beim richtigen Bild ankommen, fällt Ihnen die damit verschlüsselte Zahl wieder ein.

Wenn Sie alle Zahlen, die Sie sich merken konnten, aufgeschrieben haben, werten Sie Ihr Ergebnis aus: Für jede Binärzahl, die an der richtigen Stelle steht, geben Sie sich einen Punkt.

Punktzahl: _____

Die Disziplin «Abstrakte Bilder»

Auch hier sollten Sie mit Routenpunkten arbeiten. Versuchen Sie bei jedem Bild, ein bestimmtes Tier, ein Gesicht, eine Blume oder andere Objekte zu sehen. Diese können Sie wieder phantasievoll mit einem Routenpunkt verknüpfen. Wiederholen Sie die Verknüpfungen gleich nach jeder Reihe, damit Sie sie auch wirklich gut im Gedächtnis haben. Wenn Sie einen Gesamtdurchgang ohne Wiederholung machen, laufen Sie Gefahr, sich nicht mehr an alle Bilder zu erinnern, die Sie beim allerersten Durchgang für die Abbildungen gefunden haben.

Einprägen

Einprägezeit: 5 Minuten

Wiedergabe

Sie müssen jedes Bild einer Reihe entsprechend seiner Position in der vorherigen Abbildung nummerieren. Dazu gehen Sie Ihre Route ab und verteilen danach für jede Reihe einzeln die Ziffern 1 bis 5.

Für jedes richtig positionierte Bild geben Sie sich einen Punkt

Punktzahl: _____

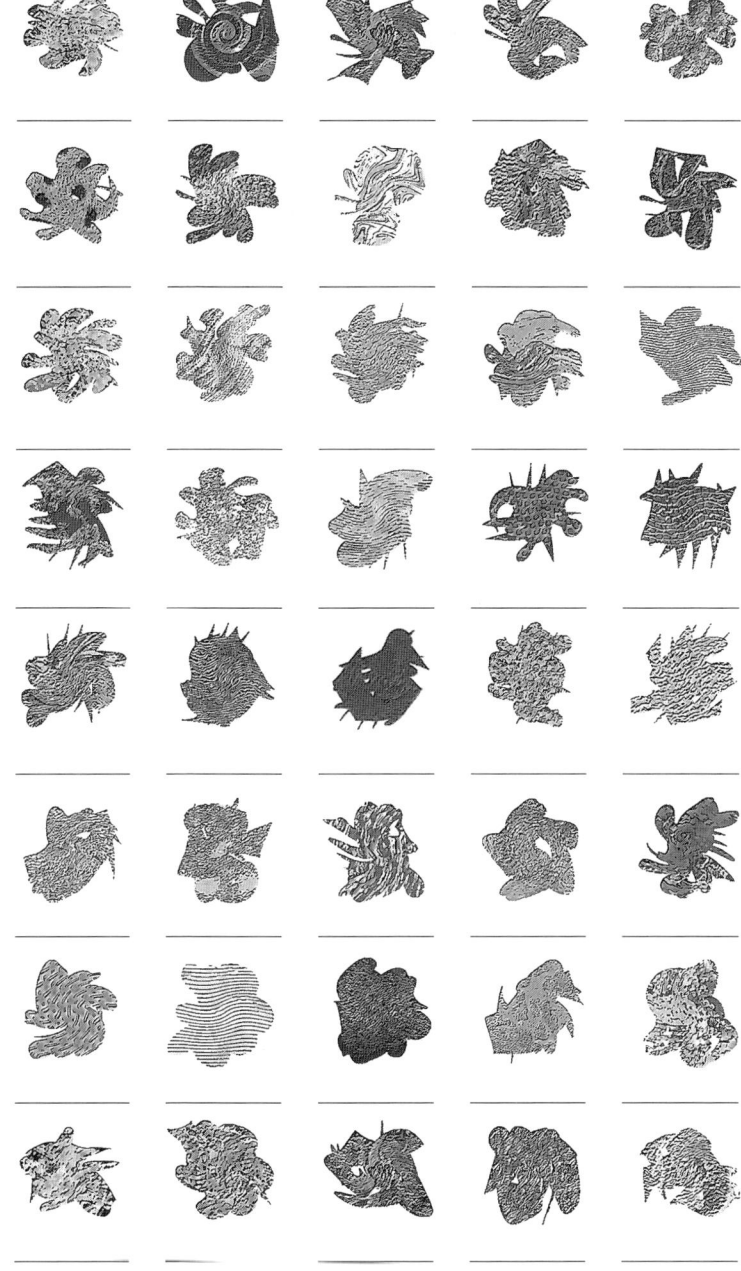

Die Disziplin «Vokabeln»

Bei dieser Disziplin geht es erneut nicht um die Reihenfolge. Also haben Sie die Qual der Wahl: Sie dürfen aussuchen, welche Vokabeln Sie sich einprägen wollen. Bei der Wiedergabe müssen Sie nur das deutsche Wort und nicht das Phantasiewort schreiben. Es reicht, wenn Sie die erste oder letzte Silbe des Phantasiewortes kennen. Also suchen Sie sich eine Silbe (nach Gefühl) aus, die Sie gut in ein ähnlich klingendes Wort verwandeln können, und bilden Sie damit einen Merksatz.

Einprägen

Einprägezeit: 5 Minuten

scheueiz	Sommerfest	droufeu	Gesicht
dreuig	Kamel	douschedrou	Kohl
guschrufeu	kämmen	peistau	Fell
woumuzie	Mahlzeit	mueir	Haar
eimkeu	Wolle	gloutischrie	Vulkan
grase	Gedanke	schreischu	Nase
sies	Keks	taplogla	Zirkel
schliepokrau	Praline	auziefbreu	Optimum
steug	Leber	satu	Trompete
groor	Rohkost	pnieelbra	Toast
klakla	Sturm	oufiel	Blume
nousta	Arterie	ofschleiauw	Lakritze
giero	Sakko	adoup	Essbares
huschaklau	seufzen	joeip	Schal
frufrau	Esel	schroezoup	Schublade

Wiedergabe

Jetzt müssen Sie zu den von Ihnen ausgewählten Phantasiewörtern die deutsche Übersetzung schreiben.

mueir	_____	gloutischrie	_____
klakla	_____	joeip	_____
scheueiz	_____	ofschleiauw	_____
grase	_____	peistau	_____
dreuig	_____	sies	_____
huschaklau	_____	taplogla	_____
adoup	_____	nousta	_____
guschrufeu	_____	giero	_____
satu	_____	auziefbreu	_____
schliepokrau	_____	frufrau	_____
eimkeu	_____	schreischu	_____
schroezoup	_____	woumuzie	_____
droufeu	_____	douschedrou	_____
steug	_____	pnieelbra	_____
groor	_____	oufiel	_____

Für jede richtige Zuordnung geben Sie sich einen Punkt.

Punktzahl: _____

Die Disziplin «Karten»

Für die «Königsdisziplin» benötigen Sie wieder Ihre Routen. Wenn Sie das System noch nicht sicher beherrschen, schauen Sie bei jeder Karte auf Ihrer Liste nach dem Mastersystem nach.

Einprägen

Einprägezeit: 5 Minuten

187

Wiedergabe

Schreiben Sie bei der Wiedergabe die Kartennamen, «Pik 8», «Kreuz König» usw., auf.

1. _____   13. _____

2. _____   14. _____

3. _____   15. _____

4. _____   16. _____

5. _____   17. _____

6. _____   18. _____

7. _____   19. _____

8. _____   20. _____

9. _____   21. _____

10. _____   22. _____

11. _____   23. _____

12. _____   24. _____

Für jede Karte an der richtigen Stelle geben Sie sich einen Punkt.

Punktzahl: _____

Die Disziplin «Historische Daten»

Bei dieser Disziplin dürfen Sie wieder aussuchen, was Sie sich einprägen wollen. Wandeln Sie die Jahreszahlen in Bilder um und bringen Sie sie zusammen mit dem Schlüsselwort für die Textinformation in einen Merksatz. Benutzen Sie dazu die Technik, die Ihnen in der Übung auf Seite 66 angenehmer war.

Einprägen

Einprägezeit: 5 Minuten

1248 Entdeckung der Spitzmaus
1329 Eiszeit in der Türkei
1788 Klavierkonzert in München
1998 Höchstes Gebäude der Welt erbaut
1575 Dinosaurier im Zoo
1430 Überschwemmung von Atlantis
1773 Brücke über den Atlantik
1976 Mathematikpreis für Gymnasium bei St. Anna
1703 Größter Erfolg von Sherlock Holmes
1109 Lebender Dinosaurier entdeckt
1343 Erstes Kind in vitro
1691 Napoleon wird Priester
1240 U-Boot im Bodensee
1814 Erfindung der Mäusemelkmaschine
1873 Meteoriteneinschlag auf dem Mond
1362 Friedhöfe werden abgeschafft
1257 Flugzeugträger gesunken
1444 Entdeckung der Hundeschlange
1073 Prinz Johann wird vermählt
1960 Erster Porsche wird hergestellt
2038 Der Papst wird kritisiert
1418 A'ROSA Ausflug nach Norwegen
1735 Erster Roboter-Haushalt
1099 Buddhismus in Afrika
1895 Erklärung der Gedächtnisfunktion
1311 Ältestes Schachspiel der Welt aufgefunden
1386 Sensationeller Grabfund in Ägypten
1428 Club der Riesen gegründet
1564 Präsident Bush in Tibet
1487 Schnellster 100-Meter-Lauf

Wiedergabe

Jetzt müssen Sie zu den Ereignissen, die Sie sich eingeprägt haben, die entsprechenden Jahreszahlen schreiben.

_____ Brücke über den Atlantik

_____ Buddhismus in Afrika

_____ Eiszeit in der Türkei

_____ A'ROSA Ausflug nach Norwegen

_____ Höchstes Gebäude der Welt erbaut

_____ Überschwemmung von Atlantis

_____ Erster Roboter-Haushalt

_____ Mathematikpreis für Gymnasium bei St. Anna

_____ Größter Erfolg von Sherlock Holmes

_____ Club der Riesen gegründet

_____ Lebender Dinosaurier entdeckt

_____ Napoleon wird Priester

_____ Erklärung der Gedächtnisfunktion

_____ U-Boot im Bodensee

_____ Erfindung der Mäusemelkmaschine

_____ Präsident Bush in Tibet

_____ Dinosaurier im Zoo

_____ Erstes Kind in vitro

_____ Entdeckung der Spitzmaus

_____ Meteoriteneinschlag auf dem Mond

_____ Friedhöfe werden abgeschafft

_____ Flugzeugträger gesunken

_____ Entdeckung der Hundeschlange

_____ Klavierkonzert in München

_____ Prinz Johann wird vermählt

_____ Erster Porsche wird hergestellt

_____ Der Papst wird kritisiert

_____ Ältestes Schachspiel der Welt aufgefunden

_____ Sensationeller Grabfund in Ägypten

_____ Schnellster 100-Meter-Lauf

Wenn Sie sicher sind, dass Ihnen nichts mehr einfällt, können Sie jetzt Ihr Ergebnis kontrollieren und sich einen Punkt für jede richtige Zuordnung geben.

Punktzahl: _____

Die Disziplin «Text»

Wenn Sie für diese Aufgabe die Routenmethode verwenden wollen, müssen Sie sich entscheiden, ob Sie für eine Reihe oder einen Abschnitt jeweils einen Routenpunkt verwenden wollen. Sie können aber auch – wie ich –, ohne eine bestimmte Methode anzuwenden, den Text schlicht auswendig lernen. Wichtig ist hier, dass Sie sich nicht nur die Wörter einprägen, sondern auch Satzzeichen, Zeilenumbrüche und Groß- und Kleinschreibung. Deswegen sollten Sie den Text mehrmals komplett sprechen oder durchlesen. Leichter geht das Einprägen, wenn Sie in kleinen Abschnitten vorgehen.

Einprägen

Einprägezeit: 5 Minuten

Iranischer Frühling
Barbara Naziri

Die wilden Tulpen blühen im Verborgenen.
Gedankenverloren sitze ich auf der Dachterrasse
und knabbere an meinem Dattelkeks.
Von hier oben habe ich einen
weiten Blick auf die Stadt,
die sich in der Ferne verliert,
denn die Dunkelheit streicht wie eine
schwarze Katze um die Häuser.
Der Himmel über Teheran zeigt sein Sternenlächeln,
unbeeindruckt von dem künstlichen Lichtermeer unter
                                   ihm.
Wie würde die Botschaft
der Moralwächter an den Abendstern lauten?
Etwa: «Achtung! Achtung!
Teheran an Venus.
Hier spricht das Komitee für Tugend und
                             Kleiderordnung.
Bedecken Sie umgehend Ihre Blöße!»
Solche Schilder stehen bei
uns sogar in den Parkanlagen.
Blödes Geschwätz von ein paar vertrottelten alten
                             Greisen,
die das Wort Spaß nicht einmal buchstabieren würden.
Trotz alledem quält mich der Abschied.
Der Nachtwind haucht mir einen Kuss auf die Wange.
Dann wiegt er sich in den Zweigen der Platane und
säuselt durch die Blätter «Zeit ist Veränderung».
Die Zeit ist momentan meine Feindin.

Wiedergabe

Geben Sie den Text hier wieder:

_____

_____

_____

_____

_____

_____

Für jedes richtige Wort und jedes richtige Satzzeichen geben Sie sich einen Punkt.

Punktzahl:_____

Ergebnisse

Es ist sinnvoll, die Trainingsergebnisse immer aufzuschreiben. So können Sie verfolgen, ob und wie Sie sich
verbessern.

Wörter	5 min	Ergebnis	
Zahlen	5 min	Ergebnis	
Namen und Gesichter	5 min	Ergebnis	
Binärzahlen	5 min	Ergebnis	
Abstrakte Bilder	5 min	Ergebnis	
Vokabeln	5 min	Ergebnis	
Karten	5 min	Ergebnis	
Historische Daten	5 min	Ergebnis	
Text	5 min	Ergebnis	

Anhand des Gedächtnistests haben Sie hoffentlich gemerkt, wie gut die Techniken funktionieren. Falls Sie
mit Ihren Ergebnissen nicht zufrieden sind, sollten Sie
vielleicht noch einmal Ihre Vorstellungskraft und Visualisierung stärken, indem Sie zum Beispiel die einzelnen
Bilder Ihrer 100er-Liste gedanklich durchgehen und mit
ihnen spielen:

- Stellen Sie sich das Bild einmal riesig und einmal winzig klein vor.
- Stellen Sie sich das Bild in den unterschiedlichen Farben vor.
- Betrachten Sie das Bild aus verschiedenen Perspekti-
  ven – von unten, von oben – und umkreisen Sie es.
- Versuchen Sie, Gefühle, Geräusche und Gerüche mit
  dem Bild zu verbinden.

- Stellen Sie sich das Bild in unterschiedlichen Mustern und Formen vor.

Mit solchen kleinen Tricks und Übungen kann man seine Vorstellungskraft mit der Zeit verbessern und kommt so zu einprägsameren Bildern.

Der Test hat Ihnen vermutlich auch gezeigt, wo Ihre Stärken und Schwächen liegen – dadurch, dass Ihnen einige Disziplinen leichter gefallen sind als andere. Das bedeutet, dass Sie gezielt die Dinge üben können, die Ihnen noch schwerfallen. Dabei sollten Sie allerdings immer darauf achten, dass das Training keine Quälerei wird, sondern hauptsächlich Spaß macht. Wenn Sie also eine Disziplin überhaupt nicht mögen, machen Sie sie lieber nicht. Es ist immer noch besser, weniger Disziplinen zu trainieren als am Ende gar keine mehr, weil die Motivation auf der Strecke geblieben ist.

Aller Anfang ist schwer

Vielleicht gilt diese Redensart beim Gedächtnissport gar nicht wirklich. Denn bereits nach kurzer Zeit des Trainings werden Sie merken, dass Ihr Gedächtnis besser wird, und auch Sie wird der Ehrgeiz packen. Gerade am Anfang steigert man seine Gedächtnisleistung durch Übung in großen Sprüngen. Die persönliche 100er-Liste lässt sich anfangs vielleicht nur im Schneckentempo wiedergeben, aber mit ein wenig Übung wird man darin immer schneller und sicherer. Auch das Verknüpfen automatisiert sich nach einiger Zeit. Man muss nicht mehr lange nachdenken, um gute Bilder zu finden, sie entstehen im Kopf wie von selbst. Auch die Routen laufen viel besser, wenn man sie einige Male benutzt hat. Die Konzentrationsfähigkeit steigert sich, der Zeitdruck macht einem immer weniger zu schaffen – diese Fortschritte erlebt man gerade zu Beginn des Trainings in rascher Folge und kann sich davon motivieren und inspirieren lassen. Ideal ist, wenn man jeden Tag ungefähr eine halbe Stunde trainiert, nicht weniger, aber auch nicht sehr viel länger. Auch Alltagssituationen können Sie zu Übungszwecken nutzen – Einkaufszettel, Handynummern und Ähnliches eignen sich hervorragend, um im Kopf gespeichert zu werden. Damit können Sie die Techniken weiter automatisieren.

Sie können sich auch ein kostenloses Trainingsprogramm aus dem Internet herunterladen, das Ihre Übungsergebnisse speichert. Als ich mit dem Gedächtnissport anfing, trainierte ich nur mit diesem Programm, und es machte mir großen Spaß. Es ist auch heute noch für die «Profis» eine echte Herausforderung, da die Wiedergabezeit immer nur fünf Minuten beträgt und das Ergebnis bei dem kleinsten Fehler nicht mehr zählt. Bei jeder Disziplin gibt es zehn Levels, und je höher der Level, desto mehr Informationen werden angeboten. Dabei gilt sowohl für das Einprägen wie für die Wiedergabe eine Zeitbegrenzung. Außerdem existiert eine Bestenliste, die Ihnen ermöglicht, sich mit anderen zu messen, und auf der Sie sich immer weiter nach oben arbeiten können.

Herunterladen können Sie das Programm unter: www.memoryxl.de

Auf dieser Seite kann man sich auch über die Techniken im Gedächtnissport informieren. Der Verein MemoryXL, in dem fast jeder Gedächtnissportler Mitglied ist, ist auch der Organisator der Nord- und Süddeutschen Meisterschaften. Falls man also einmal eine Meisterschaft miterleben will, ist das der richtige Einstieg!

Wenn man sich direkt mit anderen messen will, ist die «Online Memory Challenge» perfekt. Hier finden zu festgelegten Zeiten Online-Wettkämpfe statt, bei denen die Beteiligten die Disziplinen wie bei einem «echten» Turnier gleichzeitig absolvieren. Die Wiedergabezeit in den einzelnen Disziplinen ist genauso lange, wie es die Regel bei Meisterschaften vorgibt, und es gelten dieselben Abzugsregeln. Wie bei einer richtigen Meisterschaft werden Punkte vergeben, und nach jeder Disziplin kann man prüfen, wer gerade vorne liegt. Das Besondere und Spannende daran ist, dass man beobachten kann, wie sich bei den anderen Teilnehmern die Punktzahl bei richtigen Eingaben erhöht und bei falschen verringert. Es gibt einen fixen Termin an jedem Sonntagvormittag, die anderen Veranstaltungstermine variieren und werden rechtzeitig bekanntgegeben.

Hier finden Sie weitere Informationen zur Online Memory Challenge:

web.aanet.com.au/memorysports/omc/challenge.php

Eine weitere Trainingsseite, auf der man sogar «Abstrakte Bilder» trainieren kann, heißt «Memocamp». Diese Seite bietet Teilnehmern die Möglichkeit, ihre Routen und 100er-Liste einzuspeichern sowie ein Trainingstagebuch zu führen. Hier werden sehr viele Disziplinen angeboten, in denen man sich mit anderen messen kann. Für die unteren Levels ist diese Seite noch kostenlos, spielt man auf den höheren Levels, ist ein kleiner monatlicher Beitrag zu zahlen.

Die Trainingsseite hat folgende Internetadresse:
www.memo-camp.com

Weitere nützliche Internetadressen

www.brainboard.eu

Das Brainboard ist ein Forum mit über 1000 registrierten Benutzern, die sich für Gedächtnis, Lernen und Mnemotechnik interessieren. Falls man Probleme mit dem Mastersystem oder mit bestimmten Disziplinen hat, findet man hier immer jemanden, der einem helfen kann. Alles dreht sich hier um Lernstrategien, Gedächtnissport, Lernpsyche und Motivation, Wissenschaftliches zu Gedächtnis und Gehirn sowie Intelligenz. Garantiert spannend!

www.memory-sports.com

Auf dieser englischsprachigen Seite dreht sich alles um Gedächtnissport. Hier gibt es Interviews mit Gedächtnissportlern, oft Live-Reports, Bilder von Meisterschaften und Artikel, die sich mit aktuellen Themen im Gedächtnissport beschäftigen. Außerdem kann man hier auch Videos sehen, zum Beispiel vom deutschen Rekord im Kartensprint (27 Sekunden!).

www.memomasters.de

Dies ist die Seite der jährlichen deutschen Gedächtnismeisterschaft. Wer alles über dieses Event erfahren will, ist hier genau richtig.

web.aanet.com.au/memorysports

Hier kann man die aktuelle Weltrangliste finden. Alle Ergebnisse von allen Meisterschaften auf der Welt werden hier eingetragen. Es gibt eine Weltrangliste für die Gesamtpunktzahl sowie für jede einzelne Disziplin. Alle, die einmal bei einer Meisterschaft mitgemacht haben, sind auf dieser Seite gelistet.

www.worldmemorychampionship.com

Wer hoch hinauswill und sich entscheidet, bei der Weltmeisterschaft im Gedächtnissport mitzumachen, bekommt auf dieser Seite alle nötigen Informationen. Auch die aktuellen Regeln oder ihre Änderungen kann man hier in Erfahrung bringen.

SCHLUSS

«Phantasie ist wichtiger als Wissen, denn Wissen ist begrenzt», soll Albert Einstein einmal gesagt haben. So wichtig Wissen ist, so wichtig ist die Frage, mit welchen Mitteln und auf welchem Weg man sich Zugang zu ihm verschafft. Unsere Vorstellungskraft, die, in Schlussfolgerung des Zitats, unbegrenzt ist, versetzt uns in die Lage, Dinge gedanklich entstehen zu lassen, Fragen zu stellen, aber auch Zusammenhänge zu erkennen. Man sagt Wissenschaftlern nach, dass sie die Neugier eines Kindes haben, und vielleicht haben sie auch eine ähnlich ausgeprägte Phantasie. Womöglich ist es unter anderem diese Phantasie, die ihnen zur Aneignung und Neuschöpfung von Wissen verhilft, in jedem Fall aber ist sie ihnen Antriebskraft. Grund genug also, die Phantasie auch als Erwachsener am Leben zu erhalten und zum «Blühen» zu bringen. Für genau diese Möglichkeit – für die Nutzung einer blühenden Phantasie zum eigenen Vorteil – steht die Mnemotechnik. Sie berechtigt nicht nur, sondern fordert auf zum Gebrauch der eigenen Phantasie und steigert sie gleichzeitig.

Ich hoffe, ich konnte Ihnen in diesem Buch zeigen, wie wichtig die Phantasie ist, um sich Informationen zu merken. Selbst wenn Sie im Gedächtnistraining keine Höchstleistungen erreichen, vielleicht auch gar nicht erreichen wollen, lernen Sie in jedem Fall den bewussten Umgang mit dem Gedächtnis, und seine Funktionsweise wird Ihnen klar. Sie wissen, wie Sie Informationen umwandeln müssen, damit Ihr Gedächtnis diese gut und lange speichern kann. Und dieses Wissen hilft Ihnen, Ihr Gedächtnis optimal einzusetzen, es vor Überforderung zu schützen und ihm die Anforderungen, also das Lernen und jegliche Art von Wissensaneignung, so angenehm und zeitsparend wie möglich zu machen.

Vor allem aber wollte ich mit diesem Buch deutlich machen, dass jedem diese Techniken offenstehen. Ich werde oft nur wegen meines Titels als Gedächtnisweltmeisterin für übermäßig intelligent gehalten. Doch mein Erfolg im Gedächtnissport hat nichts mit einer außergewöhnlichen Begabung zu tun. Immer wenn ich eine schlechte Zensur schreibe oder einmal etwas nicht weiß, scheint das Weltbild so mancher meiner Mitschüler zusammenzubrechen: «Das musst du doch wissen, du bist doch Gedächtnisweltmeisterin!», musste ich mir schon oft anhören. Aber ich bin kein Genie und auch kein Alien, ich benutze keine Zaubertricks und bin kein Autist, ich bin kein Freak und auch kein Besserwisser – ich benutze nur Gedächtnistechniken! Vielleicht ist diese Erklärung manchen zu unspektakulär, aber mehr kann ich leider nicht anbieten. Ich habe nie ein Geheimnis daraus gemacht, dass jeder die Techniken lernen kann, die ich – zugegeben inzwischen ziemlich perfekt – beherrsche. Meistens aber wurde ich in meiner Argumentation mit der Aufforderung abgewürgt, doch nicht so bescheiden zu sein. Deswegen jetzt noch einmal für alle in aller Deutlichkeit: Jeder kann die Gedächtnistechniken lernen – und jeder profitiert davon!